解開
靈界之謎

Untied the mystery of the Spiritual World

陳信義著

目録、

三、邪術篇   36

作者序、

這本是解釋靈界現象的書，但看來會有點基督教色彩，因為靈界與這世界的來歷有深厚淵源，這淵源被基督教聖經記錄下來，所以講及靈界時，才不免涉及基督教背景，例如撒旦、魔鬼、天使等等。

作者初年是個風水師(Feng-Shui Specialist)，當時已經從其他靈體口中聽過這世界的來歷，和他們與「耶穌基督」敵對的狀態。其後，作者為職業通靈過度，導致「鬼附(Bewitched)」，就為了重獲自由，向「耶穌基督」求救，**於是作者才取回身體**，那時才二十多歲。既受了人幫忙，就得「還願」，於是作者就放棄了當風水師，還為了學習基督教的一切，到訪各大教會。

但非常無奈，**作者發現一般教導鮮有提及靈界**，其實這方面既如此重要，理應讓人明白更多，畢竟世上被轄制的人多不勝數。究竟通靈與精神世界有何關係呢？邪術的力量又從何而來呢？為甚麼能預知未來呢？為甚麼這鼓力量又會叫人癲狂呢？作者希望解開靈界之謎，於是就有了一股求真的使命感。然而在頭幾年時間，作者一直找不到答案，甚至後來進了神學院，也沒法滿足。

直至作者認識到在靈界經驗上走得較前的朋友，方知道這與以往通靈的經驗有密切關係，最後就歸納出靈界的真相。這本書的內容，**就是為大家介紹這個真相。**

前言、

作者本是賺錢至上的人，早年努力讀書，入讀香港中文大學經濟系，想在商界一展所長。但畢竟人成長了，**就醒覺到香港深受地產霸權支配**，往後只會掉進「朝九晚十，天天加班」的死胡同，所以就去**學風水**，畢竟這是一門較易經營的偏財，只要你懂得內幕。

於是，**作者跟隨師父學習風水派別的「玄空飛星術」**，這派以計算為主，所以初時作者修練得非常順利，還得到了不錯的機會，**但由於當時始終年輕，所以見一些大客戶時，就難以被委以重任，於是挫折了當時年少氣盛的作者。**

由於作者自詡通曉術數，**所以為了爭一口氣**，就催逼自己進步。但風水術數上如何進步呢？就是要增強影響別人的能力。事實上，風水只是「靠環境影響人」，**這是較為「間接」的方法**，玄學中還有更直接影響人的方法，它就是「茅山術」。

茅山術算是東方的通靈術，透過招靈賦予自己力量，就能預知未來、操控環境。**由於施術者要投放大量信念施法，久而久之，就會導致自己的精神世界與物質世界重疊**，作者就被這現象困擾，無法分辨精神與物質兩個維度。

在精神世界裏，有很多靈界生物。作者長期看見牠們，**就產生了錯亂**，無法正常地生活，所以為了自救，**作者就投向西方的「練金術」**。可能一般人未必了解，**其實練金術是一門比茅山術更邪門的**

通靈術，所以作者獲得它初時的甜頭後，最後反而引致了更深的「精神中毒」，常常看見更高階的靈體。直至走投無路時，**作者就想起了過往一個認識的基督徒舊同學**，由她傳福音給作者。當作者抱着儘管一試的心態接受時，發現靈界的捆綁一掃而空。

「這是一股甚麼力量？」作者這樣想，這就開始了作者剖析靈界之旅。究竟邪術是甚麼呢？精神世界是甚麼呢？邪術的力量為甚麼會被一掃而空呢？在這本書中，您會一目了然。

「光速為甚麼會不變?」
「路西法的來源?」
「天使和魔鬼怎樣戰鬥?」
「原罪儲存在人的甚麼地方?」
「為何人死後會看見急救中的自己?」
「神如何能用說話創造出世界?」
「為甚麼魔鬼要在地獄虐待人?」
「為甚麼自殺的人不能上天堂?」
「撒旦如何誘惑其他天使墮落?」
「無底坑為甚麼要無底?」
「為甚麼魔鬼要使人犯罪?」
「撒旦為甚麼要墮落?」

「人死後能看見甚麼親友？」
「地獄的勢力分布？」

－【這些都是將會知道的事】－

附註、

- 本書刻意不採用神字部首的「祂」表達神，也不用表達動物的「牠」去代表邪靈，一概只用「他」來表達。因為本書僅希望客觀地陳述靈界的活動，不希望身份的不同引致先入為主。

- 本書的「宇宙」，所指的不單是物質世界，也包括了屬靈世界。這是因為坊間並無一個適用的詞語去形容「物質界加上靈界」這概念，所以就姑且使用「宇宙」這個詞表達。

有關本書的資料來源、

- 當閣下閱讀本書某些篇幅時，可能會產生一個疑問：為甚麼作者會知道這些事呢？大部份有關邪術運作的介紹，都來自各門秘傳，及作者自己修練的經驗。這些秘傳，經許多不同渠道而得，恕作者不能透露它們具體的來源。若真的有興趣，可以私下透過 Facebook 或 email 聯絡作者。

第壹、

「凡是我不了解的現象，我總是勇敢地迎着它走上去，不讓它嚇倒。」—契訶夫(A.Chekhov)(1)

　　我們生活的世界，由物質組成，稱為「物質世界(Material World)」，人類為了生活得更好，一直試圖探索它，這門知識叫「自然科學(Natural science)」(2)。近代科學發展一日千里，似乎對世界的認識增加了不少，但人類真的窮盡了一切嗎？當我們走進宇宙的深處，恐怕只會看見更多「超自然現象(Supernatural)」。

【看見與存在並無關係】

我們都活在世界，但世界是甚麼呢？全靠我們的「五感(Sense)」去了解，人看到甚麼，聽到甚麼，感到甚麼，「世界」就是甚麼。要是有些東西從來都感覺不到，就會被當成「不存在」。但感覺不到，就真是「不存在」了嗎？

其實人的感覺遲鈍。許多動物都比人感覺到更多，例如狗的嗅覺就比人類強 100000 倍，不僅能緝毒、掃雷，甚至能嗅出癌症(3)。聽覺也是一樣，人的耳朵只能聽到 23KHz 的聲音(6)，相比之下，蝙蝠聽到 212KHz(7)，強上十倍 (4)。「動物專用」的資訊是存在的，人卻絲毫感受不到，甚至在近代科學飛躍前，不要說感受，人連它們存在都不知道。

正因為人的感官粗糙，所以很多存在的東西，人都感覺不到。比如「藍牙(Bluetooth)」能在無聲無息之間，傳送如高清電影(HD moive)那麼精確的資訊，但它傳送時，人類連一絲感覺都沒有。又例外「紫外線(Ultraviolet)」，它從古到今一直都從太陽照射過來，但直至 1801 年，它才被德國物理學家約翰威廉(Johann Wilhelm Ritter)發現(8)，此前人類忽略了不知多少年。人所見的「世界」，與「真實世界」相距甚遠，所以今天仍有人類未發現的領域，實在不足為奇。

然而，我們若感受不到，怎能知道有另外一個世界存在呢？當然可以，因為雖然看不見它，但它的影響力還是能感受到的。比如我們雖不知道藍牙怎樣傳輸，但它傳輸完後，手機多了個檔案，我們就知道有個「藍牙系統」存在。同樣，我們不一定要知道「靈界」怎樣運作，只要從世間嗅出違和感，就能察覺到它存在。

【瀕死經驗】

界造成的現象多不勝數，其中最明顯的，就是「瀕死經驗(Near-death experience)」。

於 2008 年，英國修咸頓綜合醫院(University Hospital Southampton)的醫生山姆帕尼亞博士(Dr. Sam Parnia)與來自 17 所院校的研究人員，在 4 年內分析了 101 位「被宣告死亡、卻無故返生」的個案，發現過半數對象，都能憶起死後所見所聞，包括遇上「強光」、「怪異的動植物」、「迫害」、「怪人」等等。

他們表示死後意識仍然清醒，生前的記憶絲毫無損，能自由思考、推理，四處遊歷，甚至與「別人」交流。有人感到時間變快了，意識變得敏銳了；有人看見強光，與神秘生物交流；有人甚至進行了性接觸(9)。這些不同的經歷，都指向一個結論：**人死後仍是有感知的。**

人死後雖沒有肉身，但仍有豐富的感知。荷蘭的皮姆范拉曼爾博士**(Dr.Pim Van Lommel)**在 1992 年間，對 334 個「死後返生」的個案進行研究，發現好些人死後初期都有「靈魂離體」的現象。其中一名 44 歲的女仕心臟病發死亡，後來莫名奇妙地復活了。她指出自己死後飄浮在空中，看見醫生正在搶救自己，她所描述出的細節、器具、過程、和次序，與真實情況一模一樣。最後，她甚至能找出自己被收起來的假牙 (10)。由此可見，**人死後仍有豐富的感知。**

【死後實驗】

人死後意識仍會異常清醒。在 2002 年，美國亞利桑那大學的心理學教授加里施瓦茨**(Gary Schwartz)**寫了一本名為《靈魂實驗**(The Afterlife Experiments)**》的書。(11)書中指出，他為了試驗有沒有「死後世界」，就進行了一個「靈媒實驗」，他邀請了靈媒向死者親人指出死者的各項資料，還邀請了 68 名學生作為控制組。結果顯示：靈媒的準確度高達 83%，而控制組卻只有 36%(12)。事實證明，**這些現像難以用「僥倖」解釋，必然有個人所不認識的機制運作着。**

世上還有更難解釋的現象。於 1983 年，澳洲心理學家彼得拉姆斯特(**Peter Ramster**)拍攝了一齣名叫《轉世實驗》(**The Reincarnation**

Experiments)的記錄片。片中一個現代人，他聲稱記得「自己」在法國大革命(Révolution française，1789 年－1799 年)期間的一生。於是他接受催眠，**儀器顯示他進入了半昏迷狀態**，讓他回答問題，結果他仍能操一口當時流利的古法語，甚至熟悉只在老地圖上才有的古代地名，回答只有當時的人才知道的事(13)。這些現象，**都指向有個人所不認識的領域**。

【量子糾纏】

異空間存在的證據不僅在靈異現象中出現，更在近代科學的「量子力學」中。所謂「量子」是指物質最基本的單位，它的質量只有 $9.10938356 \times 10^{-22}$ 微克，這個微世界裏的現象，稱為「**量子力學(Quantum mechanics)**」。在量子世界，有許多正常世界不會發生的事，其中最有趣的叫「**量子糾纏(Quantum entanglement)**」。

科學家發現當量子甲運動時，乙也會被甲這運動影響，作出一些反應；而特別的是，即使甲和乙相距十萬光年(光速走十萬年那麼遠)，**這個反應也是即時的**。(14)這現象不合常理的地方，在於甲運動的資訊要傳遞到乙，即使是宇宙最快的「光速(Lightspeed)」，最快也要十萬年。問題是，現在乙的反應是即時發生的，那麼甲的訊息是從哪條通道去到乙的呢？它既不可能由物質空間傳遞，**必有另一個維度的截徑(Short cut)傳遞訊息**。

量子理論能證明有「非物質的世界」存在，這世界中為甚麼訊息會比光速還快呢？您很快就能知道答案。問題是，**我們有勇氣去探索這個世界嗎？**

靈魂篇

第貳、

世上有眾多超常的現象，都指向有另一個維度存在。這維度中訊息傳遞比光速還快，產生的力量比任何事都強，這個隱藏的世界就是「靈界」。掌握靈界，就掌握一切，如何掌握它呢？首先要明白靈魂基本的運作模式。

*這一章的內容都是入門級的，為一些對靈界沒有概念的朋友而設，如果我們已有基本認知，可以直跳去下一章，這不會影響我們理解進階的靈界現象，但由於往後的內容都會與今章的基礎有關，後來遇有不明，可跳回來這章參照。

【靈魂】

這世界由物質組成，對於死物來說，它就是「這件東西」，比如蘋果就是這個看得見的蘋果，再沒有其他遠在天邊的部份。但「人」就不同，他背後還有一股「不在這世界」的意識，這股意識才是人的「真我」。

有些人以為「身體」就是真我，這其實是錯覺，人一直都在靈魂裏經歷一切。我們可以用一個簡單的實驗證明：

用一條繩紮住前臂，使它沒血流過，直至失去知覺為止，這樣前臂就不屬於你。這時你感受一下，失去前臂後，你的自我會

感到不完整嗎？個性有沒有改變？不會，你仍能夠一如概往地思考、組織、決策、感受。

這是一個試圖把自我「逐步削減」的實驗。如果人的自我真在身體裏，那麼當我們失去了身體一部份時，自我就應該感到不完整才對，決定應會變得遲滯，思路應會變得不暢，但這些情況沒有發生。正如很多截肢人仕，即使失去身體一部份，裏面的「自我」依然健全，性格不會改變，記憶也不會刪減。由此可見，人的「自我」不是在肉身裏。

人的「自我」一直都在**靈魂**裏，其實生物學界早就知曉這事實，1963 年，諾貝爾醫學獎得主約翰埃克爾斯(John Carew Eccles)就指出「靈魂」才是人的真我，他說：「神經細胞彼此之間有無形的溝通物質，這就是靈魂的構成。靈魂在胚胎期時已進入大腦，成為了真正的操控點。」(2)然而為免世界大亂，所以科學界也不便多言。

但其實熟悉靈界的宗教人仕、術師、和通靈術者，都明白身體的定位只是「**靈魂接收物質界資訊的接收器**」，情況就好像一個 Online game 玩家，他一直都在家中的電腦玩遊戲，使角色吃飯、睡覺、戰鬥、走路，其實玩家一直都在家中的電腦經歷遊戲世界。同樣，我們吃飯、睡覺、上班的感覺，其實一直都在靈魂裏經歷，情況就如《廿二世紀殺人網絡》(The Matrix)一樣，我們的真身在另一個維度中，靠着傳過來「現實世界」的資訊，去製造成經歷。

問題是：「人生」這個「遊戲」是誰製造的呢？

【創造者】

當我們走過網吧時，看見裏面很多人玩 Online game，我們不會以為這些遊戲是「隨機爆出來」的，若無設計師精心設計，不可能多人同時得心應手地指揮自己的角色，因為這系統的複集性太高，高到只能作出「背後有人設計」的結論。同樣，當我們看見一個「比 Online game 更複雜的系統」時，它背後就只會更加有創造者，這個極度複雜的系統，**就是「你」**。

你的身體由「**意志(Will)**」精確地操作着，或許有人會覺得這是理所當然，但其實細心一想，「**意志**」和「**動作**」並無必然關係：你想把右手舉起來，右手也不一定要聽你使喚，正如有時我們手腳麻痺了，也會不聽使喚一樣，這份操控關係並非必然。為甚麼我們平日能隨心所欲地操控身體呢？**除非背後有一套翻譯系統，能把意志翻譯成動力，這份操作關係才能產生。**如果說 Online game 系統背後必然有創造者，那麼人類活動的系統背後就更加不可能沒有創造者了。

這創造者在世界各地都有不同的名字，東方人稱為「天」、巴勒斯坦人稱為「亞拉」、西方人稱為「上主」、基督教稱為「神」，我們就姑且就稱他為「**造物主(Creator)**」。先不論您有甚麼信仰，也不論您對他的認識有多少，現階段只須憑這份「複雜性」，**去知道有個「造物主」就可以了。**

【神：靈】

人類背後必然有創造者，我們姑且稱他為「造物主」。造物主既造出屬物質的人，他的本質就必然是非物質的，正如你寫了一部小說，你自己就不可能是小說中人，否則小說未寫時你在那裏呢？所以**造物主必然是非物質的**。這類「非物質的活物」，稱為「**靈(Spirit)**」。

甚麼謂之活物呢？我們可以用排除法**(elimination)**理解，比如李先生斷了一隻手，但他仍是活物，只要他仍有一股意識；他斷了半身，只要仍有一股意識，就仍是活物；推而廣之，人即使失去身體，只要仍有一股意識，他仍是活物。所以很明顯，**活物就是指一股「主觀意識(Subjective conscious)」**，正如笛卡兒(Descartes)所說「我思故我在(Cogito Ergo Sum)」(3)，只要你覺得自己活着，你就是活着的，就算所有人都告訴你「你沒有活着」都好，**只要你感受到自己的意識，這個想法就是你活着最大的憑證**。

活物都有一份主觀意識，不論他是高智低智都好，所以牛羊貓犬是活物，昆蟲是活物，靈體也是活物。同樣造物主也是活物，他是「**一股無型的主觀意識**」。一般來說，靈體都會附在一些媒介裏，例如人的靈就會附在「肉身(Flesh)」，**但造物主不同，他無須附在任何媒介**，因為他是「首先的」，既是首先，就沒有任何「媒介」能與他並存，他的存在必然獨立。

問題是：他為甚麼能創造出世界呢？**因為他能夠思想，思想就是創造物質的基本元素**。

15

【精神世界】

靈是一股主觀的意識，他能思想。**所謂思想，是一種心裏的播放**，比如人想起太太，就會播放出溫柔的畫面(或是兇惡的畫面)，比如人盤算，就會播放起自言自語的聲音。問題是：**這些精密運作的思想存在於那裏呢？必然要有一個空間載住它們。**世人在唯物論影響下，一直無意識地忽略這個問題，覺得想法中的一切是不存在的。但事實上這不可能，邏緝上任何能被感知的東西，都須要有一個平台讓它去「存在」，不管這個平台是量化式的空間，還是其他款式的維度。

正如剛才說過，**看見與存在並無關係，存在的證據只在乎造成的影響**。比如 Wifi 是存在的，它造成了影響，所以人就能確定它存在。同樣，思想的影響力不但存在，甚至比 Wifi 強得多，因為它支配着人每一方面：人做任何事，**都是在想法裏預演了一次，覺得可行，才驅動人執行的**。比如你要去創業，就因為思想中做了一次創業的預想，覺得有可為，然後才去做的。因此可以說，**人任何活動都是精神世界的投射。**

其實人做任何活動前，**早在精神世界裏做了多次**，並且做了後，還會儲成一股記憶，**不斷發放出能量，影響着人的行動**，因此精神世界的影響力不是一閃即逝，而是持續地發揮力量。這就意味着，必須有一個平台、一個維度，去讓這些思想持續存在，和發放能力。這個精神世界，**就在靈魂裏。**

【造物主的精神世界】

靈魂裏有一個精神世界，由思想構成，它能不受拘束地創造任何東西，無論回到過去、穿越未來、進入幻想時空、造不可能的夢，只要你想到的，都能在這裏發生。同樣，造物主也是個靈，他靈裏也有精神空間，在裏面能發生任何事，**而物質世界就是造物主的精神世界。**

物質世界不是實存的，或許有人會覺得不可思議，**但其實量子力學早就指出所謂「客觀現實」並不存在。**一份名為《時間晶體來自最小時間之不確定性》(Timecrystals from minimum time uncertainty) 的報告，發佈於《歐洲物理期刊》(The European Physical Journal)，以探討時間為主題，指出了客觀現實其實並不存在；相反，它是由意識建構出來的。

*他指出：「根據量子力學規則，任何「意識相關的因素」均支配着環境的發展。物理學家馬克斯普朗克指出：我認為意識是根本，**事件是由意識衍生而來……***

*研究人員發現，我們所感知到的時間，就像是一直流動的事物，只是個幻像。……根據物理學家，同時也身為澳洲國立大學(Australian National University)所公布的一份研究報告的領導研究員 Andrew Truscott……指出「除非我們正在觀看它，**否則實境是不存在的**，並且提及我們現在是以宇宙的全息圖形式生活著。」* (4)

所謂全息圖(hologram)，是指宇宙間一切的東西，**都是一個巨大的投影**，這是由物理學家胡安馬・爾達西那(Juan Maldacena)提出來的理論。他指出，宇宙其實只是另一個維度所投射出來的「一個影」。

或許有些沒有物理學經驗的人會覺得不可思議，但其實南安普敦大學物理學教授史坎德瑞斯(Kostas Skenderis)早已指出這是一個合乎實證的結論，他用簡單的比喻來解釋「宇宙全息論原理」：*「就像信用卡上的安全晶片……包含所有需要用三維物件來描述的資訊。我們的宇宙情形正是如此……就像信用卡上的全像圖一樣。但現在是整個宇宙以這樣的方式被編碼。本質上來說，就是關於某個空間裡某樣東西的資訊，**可能隱藏在一個扁平的、「真正宇宙」的某個深處。***

以黑洞為例，所有跌入黑洞的物件都會被完全的包載在「表面波動」上，這意味著這些物件幾乎是以「記憶」或「數據片斷」的形式儲存著，而非以實質的形式存在，就像是把電腦的「記憶」儲存在晶片上。」

整個宇宙簡單來說……其實是一個投影。**這個大膽的理論……解決了量子力學跟愛因斯坦的重力理論之間明顯的不一致……一個最近完成數學模型，暗示了馬爾達西那可能是對的。著名的《自然》(Nature)雜誌報導，日本茨城大學的百武慶文教授提出了讓人信服的數學證據，說明我們知道的宇宙，**實際上是一個較另一維宇宙的投影。

*日本研究人員……進行了兩個計算。一個計算展示低維宇宙的內能(internal energy，物體或若干物體構成的系統內部、一切微觀粒子的一切運動形式所具有的能量總和)，另一計算展示黑洞的內能及黑洞相關的其他屬性。二種計算竟然相符。馬爾達西那告訴《自然》，百武的發現測試了宇宙的對偶本質……**我們的宇宙**可能同樣可以**關聯到一個較低維宇宙。**」*(5)

物質世界是另一個維度投射出來的影子，這個原維度就是神的意志，問題是，造物主的意志是如何創造物質的呢？

【創造之法】

質世界在造物主精神世界裏，但他如何把想法造成東西呢？方法就是透過「宣告(Proclamation)」。

> 我們因着信，就知道諸世界是藉神的話造成的，這樣，所看見的，並不是從顯然之物造出來的。(希伯來書 11:3)

一般來說，人類用思想造出來的東西都是一閃即逝的，因為支持這股思想的意志不夠堅定。比如李先生想創業，那時心裏火熱，自有鴻圖大計，但過了一段時間後，他遇見其他事就失去了創業的心，之前的鴻圖大計就不再對他有任何意義，也就是說，他的大業在精神世界裏消失了。

但宣告不同隨意想想，它背後是一股堅定的意志。所謂「宣告」，就是「自言自語」。一般以為自言自語是沒有意思的，**但其實造物主的宣告能使東西無中生有地生出來。**讓我們來做一個「宣告的實驗」，去體驗宣告的創造力。

首先，你坐在一個不受滋擾的房間，閉上眼睛，專注於自己的心。
這時應該是漆黑色一片的。然後你宣告：「要有一張椅子」；這時，
你的想法裏是不是出現一張椅子？用這個方法，還可以在靈裏造出
桌子、汽車，甚至人物。

為甚麼會這樣呢？因為「宣告一樣東西要存在」是一個「決定
(Decision)」，去決定「視那件東西為存在」，於是這決定就會「創
造出這件東西」。

同樣，**神也是透過「宣告」去創造物質的**，每一件東西，包括光線、
氣體、日月星晨、動物植物、和人類等等，都是他宣告下的產物。

【物質】

物質世界裏所有東西都由「造物主
的思想」支持着，所以物質並不
是本然存在的，而是造物主覺得
它存在，所以才「被存在」。由於一切東西

> 耶和華神用地上的塵土造
> 人，將生氣吹在他鼻孔裏，
> 他就成了有靈的活人，名
> 叫亞當。(創世記 2:7)

都是用思想造成的，所以人們要閱讀這些「東西」，也要有思想的
「閱讀器」才可，這個思想的閱讀器就是靈魂。

人被造物主賦予了靈魂，所以能閱讀世界的一切。沒有靈魂，是不
能感知東西的，例如桌子沒有靈魂，所以它不能閱讀世界，這種東
西稱為「死物」。但人不同，他有靈魂，所以能閱讀世界。不過人
仍不能直接閱讀，因為「**人的靈**」與「**造物主的靈**」雖在功能上

(Functional)同樣完整，但在性能上(Performance)就有很大差距，這就造成要有肉身的必要。

靈魂的性能受許多因素影響，它就如一部電腦，電腦會因着硬碟、快取記憶體、圖像咭、程式、風扇的不同，產生性能上的差距。靈魂都是一樣，人與造物主的靈有一個很關鍵的差別，**就是記憶力。造物主的記憶力遠超人類**，所以他造的「物質世界」極其精細，精細到可以直達每寸空間每個粒子的程度，試想如果人如果會直接看見粒子，將導致他無法合理地生活，所以物質要**經過一個「約簡(Simplification)」的系統**，才能被人閱讀。情況就好像一部超級電腦，它寫了一個極其像真的 Online game，遊戲的環境每格都有百億 TB 的資料。然而玩家的電腦只有 1TB 容量，如果他直接玩遊戲，必會被環境的資訊塞滿，導致「Hang 機(System Crash)」。所以他必須有一套「約簡的程式」，把環境的資訊約簡成「用戶版」。

同樣，人也有這套把環境的資料約簡成「用戶版」的系統，它就是「感官」。

【感官】

由於物質的資訊量太豐富，所以人接收它們之前，**必須約簡**，否則會把人的記憶癱瘓。人這套把外界約簡成「用戶版」的系統，稱為「**感官(Sense)**」。

人活動時，會從四面八方收到訊息，那怕宇宙間千奇百怪的事，表達起來都不過是一堆「五感組合」，當人接觸到身外物，**就會被五**

21

感簡化成「神經信號**(Nerve signals)**」。由於物質最大可以被放大到「粒子形態」，觀察距離最遠也可以去到外太空，所以對比起「真實」來說，**五感把世界簡化的幅度是極其巨大的。**正常人的明視距離(Least distance of distinct vision，能處理一般工作的範圍) 就只有**25cm**，到 **500m** 就只會剩下模糊的形象，**4km** 以外就無法看到。(6)之所以要把人的感官造成這樣粗糙，是為了**防止它吸納過量資訊。**

當感官把人的所見所聞簡化後，就會上傳到腦部，由腦部**把身體的**信號「**傳送去靈魂**」。

【大腦】

感官並不同感覺。一個在溫室長大的小子，他被釘書釘扎了指頭一下，感官上可能沒甚麼，但他的感覺可以像被謀殺一樣。相反，一位苦行僧行過燒烙鐵板，感官上可能是很強烈的信號，但他內心若專注其他事，感覺可能沒有甚麼，所以感官和感覺是兩回事。

當感官收集好外界的信號後，就會上傳到腦部，然後由它傳送給靈魂。腦部的角色，**就是「把資料傳送給靈魂的媒介」。**

有人以為記憶是儲存在腦部的，其實它是無法儲存記憶的，**因為物質不可載住思想，物質與思想根本就不在同一個維度，不同維度就無法載住對方。**甚麼意思呢？正如光射不可能載住味道，香味也不可能載住影像一樣，同樣道理，形體是無法載住思想的，思想與肉身之間，極其量只是聯繫着，而這個聯繫點就是腦部，腦部只是資

22

訊的傳送點而已。事實上，在諸多醫學案例中可見：**人死後仍是有記憶的**，所以記憶不可能存在於腦部，否則人死後就會立即失憶了。

腦部真正的功用，**是把感官傳給靈魂的工具**，彷如一個跨維度的管道。感官未傳達靈魂前，只是一堆客觀的信號，但傳給靈魂後，**它們就會轉化成「對我來說的感覺」**。情況就好比人玩 Online game，角色在遊戲大世界所接觸到的一切資料，須要有一個程式把它們傳送給玩家端，作為玩家的經歷，這個把「大世界資料」傳送給玩家端的程式，就是腦部。

事實上，今時今日醫學界對腦部的定位仍然不詳，之所以如此，是因為人類探索腦功能的方法，**仍停留在「縱合法(Synthesis Method)」**。所謂縱合法，是指透過讓實驗者去做某些活動，觀測他的腦部脈衝，去縱合出這部份負責甚麼。然而這種方法並不適用於腦部，因為腦部既接駁着另一個維度，就不能把作用歸因於腦部，它只是一個傳送點而已。正如我們不能說提款機儲存了你的財產，畢竟它只是一個出錢的位置而已。

【念結】

腦部會把感官傳給靈魂。但靈魂不會百份百吞下，**因為靈魂是活體，擁有自主權，會憑自己的意志決定接收甚麼**。這套「靈魂要接收甚麼資訊」的準則，稱為「**念結(Mind Code)**」，也就是一般所謂的「**留心(Care)**」。

人生會遇上很多事，但無論甚麼事都好，都是以一堆畫面來表達的。不論是「與家人相處」，「兇殺案」，或是「外星人襲地球」都好，其實都是指某種視訊組合。

當人看見一個畫面，**不會畫面中每一寸空間每一件事都走入你的心，只有當中「被留心了的事」才能被你感知。凡人「沒有想過要留心的事」，都無法感應它**；看是看到了，但你仍無法感應他。為甚麼呢？

比如李先生看到「街角有個美人」，但其實與此同時，這個畫面還隱含了許多訊息，包括「街燈是黃色的」、「這個女人是個人類」、「她不是一頭牛」、「這不是我的祖母」等等無數垃圾訊息。為甚麼李先生不會事事知覺(Aware)呢？**因為他未曾想過要留心這些事，就毫無知覺。**

一個人會留心甚麼，**受到記憶支配**。在我們人生的片段中，有時會感到某些事是重要的，這些事會記錄下來，成了日後指導我們「如何解讀事情」的準則，**這準則稱為念結(Mind Code)**。比如李先生正要尋找失蹤的祖母，這想法就會產生一個念結：「要找祖母」，這念結會使他把眼前的畫面挑讀為「是不是我祖母？」，所以街角美人雖美，但還是會被解讀成「不是我祖母」的。

念結主導着人理解事情的方向。人的靈魂無法感知念結以外的事，我們雖是見到了，但由於毫不在乎，就會毫無知覺。不是刻意不在乎，而是真的一點在乎都沒有出現過。於是，**這就成了一套過濾訊息的系統，唯有合符人念結的訊息，才能走進他靈魂裏。**

【印象】

訊息被念結吸收後，就會進入靈魂，然後化成它在宿主精神世界的新形態，稱為「印象(Impression)」。由於所謂靈魂，是指一股主觀意識，所以在靈魂裏的一切，都會被主觀化。所謂「印象」，就是指「**訊息被主觀化(Subjectivisation)後的形態**」。

訊息和印象是不同的。比如新聞說「某國開戰了」，這訊息對服民來說是指「背上債務」，但對軍火商來說卻是指「中了彩票」。問題是：靈魂會如何把訊息化成印象呢？**其實訊息早就在「被念結吸收時」就化成印象了**。因為我之所以會留心這項訊息，正正是因為「它對我有特別的意義」，**因此它對我來說是甚麼，早就被我的成見先判了**。例如，李先生因為受到往日某些記憶影響，特別喜歡吸煙的女人。當他看見街角的女人手執香煙，就奪去了李先生的注意，覺得這非常性感，所以香煙的影像進入他的靈魂後，自然會化成一支「性感的香煙」了。因此，事物會化成甚麼印象，早就被記憶先判了。

李先生之所以會覺得香煙特別性感，是受着記憶支配的。可能李先生早年被這類女人勾引過，可能她的母親就是這種個性，也可能出於其他溫馨的記憶，**這些記憶都是主觀的**。要是從別人看來，說不定這香煙會顯得幼稚。

正因為人會參照過往的記憶解讀事物，所以「同一件東西」對不同人來說，它都是「不同的東西」，因為當我們把人的想法放大，**每**

個人的記憶都不會絕對一樣。之所以會出現這種情況，是因為各人的際遇不同。例如，李先生因為以前看見香煙時受過勾引，覺得它格外性感；但王先生以前在地盤工作，香煙與粗獷男人產生了聯想，所以香煙反而會使他失去性慾。

【重疊】

本來人的記憶會限制了事物的印象，然而這印象並非一成不變，因為人的記憶是會更新的，當有了新知，就會把對事物的印象更新。

> 我們卻是傳釘十字架的基督。在猶太人為絆腳石，在外邦人為愚拙。(哥林多前書 1:23)

所謂記憶，**其實是由以往總印象溝和而成的**，假設李先生本覺得香煙性感，但當他某日進了地盤工作後，多見了粗獷男人吸煙，香煙性感的印象就會被溝和，不再那麼性感了。

「溝和現象」之所以會發生，是因為人在世上接觸的都不是純理論，而是一些「**事件(Event)**」。當人經歷事件時，除了它吸引著你的性質外，還會有不相干的新資訊走進你的靈魂，成為影響你的新記憶。例如，李先生因為性感而留心香煙，但當他發現吸煙者是地盤工人，這新知就會溝和了香煙原先性感的形象，變得可厭。

這兩種印象是重疊播放的：人對事物的「**既有成見**」，會與對它「**這刻的觀測**」重疊播放，構成了對它的「**總印象**」。例如食神相當飢餓，有位朋友送上一碗叉燒飯，由於這碗飯極為寶貴，所以會抽取記憶裏「寶貴」的印象來參照，例如金銀珠寶等等，於是它就

成了金光閃閃的飯，這金光是精神世界裏真實存在的。同時，這碗飯的客觀外形也被他看見了，於是這「金光」就會與「外型」重疊播放，構成了他對這碗飯的總印象。

【零和】

壹 件實物會因為它的多重性質，而**勾起我們對它的「複合印象」**。例如一位女神，她的樣子「可愛」得像「天使」，性格卻又「貪婪」得似「魔鬼」，於是就造成了「天使和魔鬼」的複合印象。但不同印象對我們的「影響力」，其實是有高下的。

之所以會有高下，**是因為印象是靠「留心」去感應的**，比如人留心着女神的臉蛋，眼中人就成了天使，留心着她的性格，眼中人就成了魔鬼，**但人總不能同時百份百又留心臉蛋、又留心性格的。**所以人對事物「各種性質」的留心度，**會互相拉扯**，它們就會呈「**零和關係(Zero-sum relationship)**」。

人不能同時「百份百」留心兩件事，例如李先生身邊有三位女神：「大女神、中女神、和小女神」。當大女神在他身邊時，他大部份的心都會被吸走，以致無法留心其他女神；但當大女神走了後，李先生就會赫然發現原來中女神是多麼吸引，這時他對中女神的愛慕，絲毫不會在剛才對大女神的愛慕之下。但到最後，當中女神也走了，他可能會發覺「小女神」原來也很美，這卻是大、中女神在場時難以察覺的。

為甚麼會這樣呢？**因為留心度是呈零和關係的。**如果量化它，當大女神在場時，她奪去了李先生 90%的心，以致中女神只有剩下 9%，小女神有 1%；但當大女神走了，中女神就能重奪李先生的 90%，小女神提昇到 10%；最後中女神也走了，小女神就會急升到 100%。

人之所以會留心一件事，是因為他的記憶中有這念結，而念結與念結之間的影響力，是呈「零和關係」的。這對理解靈界相當重要，因為所有靈體，**都是靠着這種方法去操縱人心的。**簡單來說，一個人要操控你，**他只需不停在你面前出現，不停對你植入有關他的念結，就能百份百操控你，因為他只要不斷植入念結，就會主導了你要留心他提出的方向，你對其他事的記憶就會被溝和，被沖淡，被洗掉，最後你就會被他完全牽着走。**所以，廣告就是一種很典型的靈界力量。

【靈人】

事物進入靈魂後，就會被製成「印象」，這印象會存留在記憶裏，影響我們的活動，但要計算出它的影響力，還要視乎一個關鍵的因素，**就是「自我形象」。**例如李先生覺得女神很吸引，但他始終認為自己是「小兵」，女神就不是自己杯茶，於是對她就沒那麼魂牽夢縈。這個印象中的自己，稱為「**靈人 (Spiritual man)**」。

你怎樣看自己，很影響你怎樣看事情。例如李先生身高兩米，那麼別人都是矮子，是被操控的潛在對象，於是他天天看着別人，都在述說他的優勢，就會活得很有勁。相反，某一天他遇上車禍，砍了

28

雙腿，被變成了 150cm，身邊的人就會相對地高大，他天天看着別人，記憶也會漸變，覺得自己應該受支配，就會活得很辛苦。

之所以會如此，是由於所謂「對事物的印象」，就是指「它對於我來說是甚麼」，所以對事情的印象會受靈人直接影響。正因如此，**當靈人改變時，對事物的看法也會更新。**比如李先生覺得自己是個「小兵」，女神高不可攀，每當要討好她，都會覺得自己在舐她鞋底。但假設李先生不知受了甚麼鼓勵，轉念相信自己可以打動她，於是他的靈人就從一個「兵」，變成了一個「男人」，相對這女神就沒有那麼高不可攀。當他展開追求時，就會感到自己真真正正在追求她，而不再是舐鞋底的感覺。

【軟弱】

精神世界裏的一切本來就是主觀的，所以理論上我若相信「可以」，靈人就能開山劈石。的而且確，在很多案例中，人都會受這股力量驅策，建立出驚人的成就。但縱然如此，自我肯定的力量也非毫無限制，我們亦難以為了「達成這種效果」無限量自欺，**因為我們要面對的事有多難，早在記憶裏我們心裏有數**，這會大大約制着我們解讀事情的可能性，造成對我們的「**捆綁 (Bondage)**」。

例如，李先生被女神操控日久，中毒甚深，這就在他的記憶中成了一股約制。每當她有甚麼吩咐，都會化成他精神世界裏一道「鎖鏈」，拉住李先生，使他不得不從。他能否輕易掙脫鎖鍊呢？不能，

因為連他自己都不相信能，所以女神的吩咐才會化為「鎖鍊」這種硬物。這種薄弱的意志，稱為「**軟弱(Weak)**」。

軟弱不是一時三刻就能改變的，因為它來自事主的記憶，而記憶是無法按個掣就取消，只能慢慢溝淡。要是在溝淡的過程中，他仍然一直受着支配，記憶就會越來越深，理論上他會永遠沉下去，**造成「沉淪」的現象**。

然而「**軟弱**」只是一種個人化的現象。例如王先生對女神並無興趣，不會受她吸引，所以他當聽到女神的吩咐時，他只覺得有隻「毒蟲」出現，**對他毫無約束力**。這種強大的相對意志，稱為「**剛強(Strong)**」

【強化】

軟弱並非不能振作，關鍵就在於要作決定。因為當人每次作出決定後，這決定都會成為我們定位自己的元素，然後把靈人更新。當靈人更新了後，**所有事物的定位也會出現變**化，正如我高大了，所有東西自然會弱化，這時擺脫操控的機會就會出現。

比如李先生受女神支配，無法拒絕她任何吩付。這時，李先生就要做些決定去強化自己，不一定是對方知道的決定，例如當他面對女神時，試試抬起頭來，把腰伸直一些，這些小決定都會強化他的靈人，相對地就會弱化女神的支配力。當這些小決定積聚起來，去到一個地步，他就能做其他進階的反抗，有天就能拒絕對方的吩咐。

這種強化過程的開始，**關鍵在於一顆決志的心**，只要有這份決志，他的靈人就會改變；這些改變會刻印在他的記憶中，使他自然地起革命。

【沾染】

人要強化自己的心，**就要作許多決定**，這些決定能成為強化靈人的素材。然而，這些決定所引致的改變，**往往不是單向的，而是多向的**。意思即是：李先生決定要「擺脫女神」，這決定不僅會使他擺脫女神，還會使他抗拒其他女人，這卻是李先生沒有意識到的。

之所以會如此，是因為人在現實世界所面對的，都不是「單一的原則」，而是「一件事」，一件事背後有許多考慮因素，當我們作決定時，**就會對事件背後一籃子因素作出取捨**，於是會引起連所反應。

例如李先生決定「要不要擺脫女神」，為她無條件地接送、買早餐、和修電腦呢？他就要考慮一籃子因素，包括「我願否繼續看她的美貌？」、「我能否容忍她的任性？」等等。若他選擇了「擺脫」，**這決定不單會使他對「任性」Say no，也會使他對「美貌」Say no**，以致他以後就會對美貌女子產生戒心，甚至討厭。

另一個更典型的例子，就是當我們聽一場演講時，發現它錯謬百出，於是產生離場的意欲；**但若我們因各種壓力留下，就會使我們確信自己能接受錯謬，人就會變得是非不分**。

31

> 恐怕有毒根生出來擾亂你們，因此叫眾人沾染污穢。(希伯來書 12:15)

我們會以真理為分界去定位這些影響。若是使人對真理更敏銳的影響，我們會稱它為「潔淨(Cleaned)」。相反，人選擇了奉迎歪念，他日後就會對這些事更興奮，這就稱為「沾染(Polluted)」。

【死亡】

人順從了一把聲音，日後就會更受那把聲音影響，比如李先生順從了「服侍女神」的聲音，他日後就會更不由自主地「服侍女神」。當他「服侍女神」的想法更趨獨大，就會削弱了其他事對他的影響力，例如豬朋狗友叫他打牌，他也無心應酬。要是他被禁錮在一個隔絕的環境，不能接觸其他訊息，只能被同一種訊息不斷轟炸，這訊息對他的影響力就會越來越強，其他事情的影響力就會越來越弱。到最後，他對其他訊息就會「零反應」，這種現象在靈界稱為「死亡(Death)」。

俗世意義的「死亡」，以為人死如燈滅，**這是其實一種錯覺**，因為即使身體死掉，也不會抹殺掉感知靈界事物能力。情況就如玩 Online game 一樣，即使角色掛掉了，也不會把他家中的電腦燒毀。因此，死亡另有它真正的意義，這意義就是「隔絕(Isolation)」。

> 他死是向罪死了，只有一次；他活是向神活着。(羅馬書 6:10)

所謂「隔絕」，是一個相對概念，指無法再感知對方。例如李先生車禍死了，再沒有肉身去感知世界，所以對李先生來說，**世界是死了**。

32

由於在精神世界裏，自己是無法與自己隔絕的(你無法使自己不感知自己)，所以「死亡」是一個相對概念，只有「**對甚麼而言死了**」，而沒有「絕對地死了」。

當一個人被同一種訊息不停轟炸，這訊息就會漸趨獨大，洗掉他對其他事的留心，**這樣「其他事對他來說就會死了」**。例如一個銀行家遇難，流落在不知名的荒島，天天忙於「打漁、造屋、造火種」，那麼他很快就會忘記「銀行還有那張單要跟」，過一兩年，荒島生活的記憶日深，他就會連公司有甚麼人都不記得；再過四五年，連「銀行界」也會忘記，那時「銀行界」對他來說就會死掉。

之所以會出現死亡，**是因為他對銀行界的念結被洗掉**。當他在島上孤立無援，留心的事就會慢慢向「打漁、造屋、造火種」傾移，於是種下許多有關「求生」的念結。當念結改變了，**解讀出來的意義就會傾側**，變得無法再想起有關銀行業的一切。例如往日他可能還會想這個小島能不能開發，現在看着這個小島就只想到求生。因為念結會支配着理解的方向，所以有關「銀行」的一切，都會慢慢淡化，**最後消失**。

【身體】

死亡是指「訊息的隔絕」，所以一般所謂「死」，**其實只是「身體的死」**，指「不能再感知物質世界」。但其實當人死後，意識仍是生龍活虎的，只不過無法感知物質世界罷了，他還能感知精神世界中很多東西的。不過，人死後這個「僅有靈」的狀態是極其危險的，**因為這時人的靈已失去了身體保護**，很容易就會被靈界中一些「惡

意、又強大的靈」操控，困在一個隔絕的狀態中不停被侵犯，再無法感知其他事，那就非常悲慘。

身體是為保護靈魂而設的。由於留心度是呈「零和關係」，**當身體不斷向靈魂傳送物質世界的所見所聞**，就能摘取人的留心，抑制靈界生物對自己的影響，例如惡意的邀請、極端的情緒、或欺騙的交易等等，**否則這些訊息很容易會把人支配**。情況就如李先生對打機極其沉迷，當他不斷受打機試探，就會不由自主地玩下去、玩下去；但幸好他還有身體，所以他至少會在饑餓時停一下，就有機會從遊戲世界中逃脫，否則理論上，**他會一直被遊戲世界扯走，直至永遠**。

然而，當人主動向惡靈打開自己的心，他們就能讓惡意的靈入侵自己，這是歷世歷代很多人做過的事。人類要獲得超自然力量，不時都會主動向靈界借取，**這種活動稱為「邪術」**。

第叁、

「不相信巫術的作用，實際上就是不相信聖經的作用」—約翰衛斯理(John Wesley)(1)

　　人的靈魂擁有篩選資訊的權限，他若不開放自己的信任，靈界生物也難以影響他。但歷世歷代以來，不少人對靈界充滿好奇，想主動接觸他們，為甚麼呢？因為要借用靈界的力量。究竟在歷世歷代以來，人類是如何借用靈界力量的呢？

*本章有關邪術的資料來源，乃屬私人性質，恕作者不便公開。

*由於本章涉及不少邪術，建議大家作好充足的心理準備後才閱讀。

【茅山術】

茅山術(Maoshan taoist)，又名「方術」，後來又稱「五斗米道」、「太平道」，源自中國春秋時代的道家思想，及後來所發展成的道教。相傳茅山術由西漢初年現江穌省句容市一座無名山上的茅姓三兄弟「茅盈、茅固、茅衷」所創，後來他們所住的地方就稱為「茅山」，**這門法術就稱為「茅山術」**。據北宋年間《茅山志》的記載，唐宋年間茅山已有道觀殿宇房屋數千間，道士過千人，可見當時已經發展至相當流行，與當時南洋流行的降頭術分庭抗禮。

茅山術分為「上茅山」、「中茅山」，和「下茅山」，上茅山以傳教為主，所以會多做公益善舉，例如符水治病、作法祈福等等，由於要贈醫施藥，因此他們精於煉丹，對成份記載甚詳，近以現代化學，所以又稱為「丹鼎派」。中茅山轉重個人內修，著重「天人合一」的心境，融合大自然，相傳後來的「武當派」就出於中茅山的「上清派」。下茅山卻以靈界操作為主，涉及劃製符籙、咒語、幻術、念力、召靈、神打等等，屬於典型法術；**一般所理解的「茅山術」，屬於下茅山。**

事實上，在靈魂學的角度而言，茅山術的咒語只是一些音波，**它的作用是凝聚信念**，讓茅山術師把信念寄託在咒語之中，去成為改變自己的心錨。例如「天罡戰氣訣」，是茅山術常用的咒文，用以使茅山術師進入戰鬥狀態，在處事反應和意志上急速提昇。在日常操練時，茅山術師要反覆操練「咒文」與「狀態提昇」之間的關係，當儲存了足夠的這種記憶，臨場時就能以咒語為啟動點，瞬間提昇精神狀態，彷如變成另一個人一樣。這種技術，坊間又稱為「神打」。

茅山術咒語的種類極其繁多，由操縱風火雷電的攻擊性咒語，增強人精神狀態的咒語，通靈借力的咒語，超渡用的咒語，醫病的咒語，提昇運氣的咒語，恢復體力的咒語，落蠱毒的咒語，招財的咒語，移動用的咒語等等，**有數百至近千種。**

此外茅山術也會劃符，它所寫的其實不是文字，而是一些筆劃，**這些筆劃代表著不同的精神狀態**：剛勁的筆劃代表「剛猛的意念」，繞柔的筆劃代表「靈動的意念」，把符咒焚燒代表「輸入」，當茅

山術師把符籙焚燒後，就會把符籙上的意念硬生生「輸入」自己，讓精神狀態立即改變。此外，**符籙的顏色也代表著不同品質的精神質素**，依次分為金色、銀色、紫色、藍色、黃色，金色符籙所含的念力最豐，黃色最少。另外，**茅山術還有許多不同用途的陣法**，包括「金罡陣、天罡七殺陣、四象陣、八卦兩儀陣、五行八卦陣、六合陣、北斗七星陣、奇門八卦陣、七星八卦陣、七煞鎖魂陣、九宮八卦陣」等，代表着要催動不同的信念。

茅山術的術式繁多，少說也有上千種咒語、符籙、手印、劍訣、心法、和陣法等等，加上互相配合，術式的數目是世上所有邪術之冠。但其實在靈界角度看來，正正因為它的術式太繁，所以它所倚重的是技術，而不是意念，危險性反不如其他通靈術，它通靈的程度亦很淺。

【茅山術的交易系統】

包括茅山術在內，世上所有術式，**若不投入信念作為驅動它的能量，都只是一種物理活動**。比如茅山術師若燒了符咒，卻不知道燒來做甚麼，這不過是純粹一種焚燒。所謂術式，就必須投入信念作為驅動力，而這信念背後的超自然力量，就來自靈界生物，稱為「邪靈」。**當茅山術師強烈地渴望法術所預告的事發生，就會在他的記憶裏植入這念結**。只要邪靈順着茅山術師的期待使事情發生，**就能使茅山術師相信「茅山術有效」**，於是就能操控他。例如，只要邪靈在茅山術的規則中加入「學法要犧牲健康」，這樣邪靈就能使他生活不自覺地失去節制。

世上任何邪術都有一套公式，**這公式就要是以「信任」，來交換「超自然力量」**，邪術的本質就是一種「**交易(Trade)**」。比如茅山術師施展「五鬼運財」術，把「獲得財物」的期望投在放術式之上，這時邪靈只要使他獲得橫財，不論是六合彩、賭博、遺產都好，就能使他以為自己的信念真有甚麼能力，這樣邪靈就能進一步引誘他投放更多信念在邪術中，直至完全操控他。

【陰陽眼】

許多茅山術師修習日深，**視力都會出現「重影」，中國人稱為「陰陽眼」**。陰陽眼是各類邪術師、甚至宗教人仕身上很常見的現象，所謂陰陽眼，其實是精神世界的「印象視覺」太強，與物質世界的「物質視覺」重疊，成為一個複合畫面的現象。這種現象其實一般人多多少少都有，例如一個很飢餓的人，看見一碗叉燒飯，覺得它金光閃閃，這些金光就來自靈界，然而現代人因為相信唯物論，就不相信這些金光是真的，因此才會漸漸忽略它。但對於茅山術師來說，**他們常為精神世界投入信念**，所以這些靈界物質就會顯得異常真實，成為結實的重影，因此所謂陰陽眼，**其實就是靈界的「印象視覺」湧上了來，與「物質視覺」重疊的現象**。

由於記憶是無法刻意消減的，越是刻意要消減，記憶就會刻印得越深，所以擁有陰陽眼的人，他自自然然就能看見靈體，無法自控。例如他們去到殯儀館，就會看到有形體的「死亡的靈」，去到股票行，就會看到有形體的「貪婪的靈」，一般人的信念沒有這麼強，

只會隱若覺得氣氛改變。但茅山術師會看見靈體，所以是一種困擾的體驗。

不過話說回到，其實茅山術在眾多邪術之中，不是最危險的，這是由於較諸其他邪術，它含有較多水份：招數特別多，技巧也特別講究，很多時會噴火灑血，但其實這些只是取悅客人的戲法。因此茅山術師沾染到的，**反而很多時是「欺騙的靈」**，不少茅山術師會以風水師向外掛名，進軍電視節目，講論流年運程，容易沉迷在名利場不能自拔。

【降頭術】

降頭術 (Tame Head)，又稱「黑法」，是南洋一帶盛行的邪術，在馬來西亞、泰國、印尼，以致越南等地流行。它的來源有兩說：一說是唐朝僧侶唐三藏到天竺取經回國途中，路過安南境內暹邏(今日泰國)的湄江河上游，遇上海難，後來被救起時，已有一部份經書沉入河底失蹤，輾轉流入了民間，就成了現在的降頭術。**另一說是由中國雲南一帶苗疆地區的「蠱術」流傳到東南亞後**，結合當地的原始巫術演變而成的。

所謂「降」，**是指施法用的術式**，比如為使對方愛上而進行的儀式，這儀式就是「降」；而所謂「頭」，**就是指被施法的單位**，可能是一個人，可能是一個時辰八字，可能是某人用過的隨身物品，可能是他的毛髮，也可能是一個機構的 Logo，所以「降頭」的意思，**就是指「對某些對象施法」**。

相較起其他邪術，**降頭術特別喜歡使用「毒」作為他們術式的「引」**，「引」即是精神上的啟動點。降頭用的引不是一點毒，而是很多毒，例如降頭術中的「五毒降」，就要使用「蛇、蜈蚣、蠍子、蜘蛛及蟾蜍」這五種毒物作為引。此外，他們又喜歡用「血」，例如「血咒降」，它以降頭師自身的精血做引，塗抹在符咒上焚燒，透過自身的犧牲，破壞人的健康。降頭術的特式，就是殺傷力越強的術式，**就越要以降頭師和目標人物的隨身物品作為施法的引。**

【降頭術的原理】

之所以會如此，是因為降頭術很多時都是由一份苦毒推動。事實上，降頭術與茅山術在原理上大同小異，都是在儀式中借用靈界力量的技倆。例如降頭術中的「古曼童(俗稱養鬼仔)」是一種借供奉夭童增強運勢的術式，但其實降頭師所供奉的不是夭童，真正的夭童早就死了，夭童是邪靈假扮的。當邪靈使施術者獲利，或是藝人得到名聲時，就能引誘他們投放信念在夭童身上，**這其實是一宗靈界交易。**

然而據作者的經驗，**降頭術往往比茅山術的危險性更大，威力也更強**，這是因為地區性的民風所致。**民風所影響的是信念**，中國茅山術的術式雖多，但出於中國人的民風，它招搖撞騙的成份頗重，茅山術師只記掛着討好客人，為儀式投入的信念反而少。相反，南洋位置近海，氣候溫暖、物產豐饒，人們不愁生活，就有更多空間去與人相交，**所以感情總是比較細膩**，情感表現也比較強烈。正因如此，他們很多時之所以要落降頭，都不是純為利益，而是出於強烈

感情：要不就為了報復，再不是就為了留住愛情。所以他們在術式中投入的信念往往非常強烈，成為一股「執念」。

這股執念，常常都表現在降頭術的儀式細節中，比如他們常會以「毒」為引，代表着他們心中一股「無法排解的苦毒」，又會以「血」為引，代表一股「在所不惜的狠勁」，**這些術式都會使他們投付出的特別強大信念。**此外，**他們借用對方的隨身物或毛髮作為投放執念的媒介，**都會使信念特別強烈，這份強烈的執念，**會吸引大量邪靈，造成相當強大的力量。**

當邪靈得知有降頭師落降頭，就會順着執行。例如降頭師向某人下了「情降」，要使對方情歸自己，**邪靈就會運用他的影響力，**使目標人物遇見有關施術者的東西，並穿插着一些淫亂的畫面，**以便在目標人物的記憶中種下兩者關聯。**當目標人物的想法被牽引，很容易就會對施法者產生的慾望，進而促進感情。然而話雖如此，但降頭的效果不是絕對的。

【降頭反噬】

正如很多人知道，**降頭術會有反噬現象，**一般人稱為「破法」：當目標人物精神力強大，不致中降，**施術者就會遭受各式反噬。**但其實所謂「破法」，並不是真的有股力量反彈回來，**他只是被邪靈順着執念入侵，才會精神崩壞。**

例如，當施術者施法時，向人投放了大量仇恨，他**就會被憤怒的情緒支配。**當有「憤怒的靈」引誘他發怒，比如使他看見報章上人們

的鬥爭、兇殺、政客指罵等等，他很快就會被吸引，**然後「歸邊」**，去享受他憎恨對方的快感。久而久之，他會看世上一切都不順眼，**人就會變得瘋瘋癲癲**，從人看來，他就像被破法反噬一樣。

不同類型的降頭，會造成不同類型的邪靈入侵。例如情降會招引「淫亂的靈」，瘋癲降會招引「混亂的靈」等等。由於南洋人太重感情，信念普遍都很濃烈，**所以它是傷人損己的高危邪術**。

雖然降頭擁有威力，**但其實被施降者也不一定會受到損害**。比如李先生被下了情降，邪靈要引起他的瑕想，但其實李先生既沒有被禁固着洗腦，只要他心志堅定，可以完全不為所動。再者，靈界也不是只有邪靈，**還有許多天使去保護人，所以降頭的力量是沒有保證**的。

【陰陽術】

陽術是日本古代飛鳥時代(592年到710年)出現的邪術，自六世紀日本差派「遣唐使」前往中國起，就把哲學思想「陰陽五行說」帶回了日本，輾轉發展成「陰陽術」。

陰陽術較諸其他邪術有深厚的哲學基礎，它出自中國九流十家中的「陰陽家」，所代表的是「凡事二元，此消彼長，互相牽制」的信念，**認為這是孕育天地萬物生成的法則**。比如陰陽術認為，在天道之下社會有一個「紛亂與穩定」的平衡點，社會若過份懶洋洋，就是因為「穩定」的元素過盛，使「紛亂」的元素被壓制着所致，所以這時只要為社會注入「紛亂」的元素，就能促進它發展。正因如

此，只要懂得調節陰陽，就能操控任何現象，包括天文、吉凶、節期、產量、壽命等等。由於陰陽術能解釋許多事，包括朝代交替、自然災害、豐收失收等等，**所以它就深受政權歡迎。**著名的統治者聖德太子(Shōtoku Taiji)、天武天皇(Tenmu Tennō)、吉備真備大臣(Kibi no Asomi Makibi)，藤原仲麻呂公卿(Fujiwara no Nakamaro)等等，**都曾借用陰陽術作為統治工具。**

由於陰陽術受政府支持，**所以迅速發展，**它不單擁有專屬的國家機關「陰陽寮」，還設有官方的陰陽師。直到十世紀，**陰陽師在社會上都有名望，**負責為皇室貴族提供諮詢服務，包括擇日、改名、政策、禮節等，宛如軍師智囊。直至十一世紀幕府時代**(Shogunate)，**皇室的勢力衰落，許多「陰陽寮」的陰陽師才流落民間，導致與民間信仰結合，**就成為了今天偏向法術的陰陽術。**

由於陰陽術一直受官方重用，**它的面貌就不能太過邪僻，**所以都是以占卜、擇日子、定吉凶為主，只有在進階的陰陽術中，才開始滲入少量符咒和幻術的元素。然而，在陰陽術的奧義裏，卻有一種極為兇險的禁術，稱為「**式神(Shikigami)」。**

【式神】

式神是陰陽術的奧義。所謂「式」即是「服侍」，**指飼養服侍自己的靈體。**在日本歷史傳記《大鏡》中，傳奇陰陽師安倍晴明**(abe no seimei)**擅用式神，不但能操縱牠偵測情

報、攻擊敵人、甚至處理家務、倒茶開門都可以。時至今日，**陰陽師雖未必能如此誇張地運用式神，但亦會讓他們進行具侵略性的任務**，包括攻擊目標人物，竊取敵方秘密情報等等。

式神的養成法，須要三個月才有初成。初時陰陽師會**以一般動物為藍本**，構想出一個「牠」活在身邊。然後，就會賦予它特性，包括外型、性格、喜好、和能力等等，**越細緻越有效，這樣**牠就會在陰陽師的精神世界活着。透過向牠說話、觸摸、訓練，彷如與實際生物一樣互動，久而久之，式神的真實性就會越來越高，在一些記載中，高階的式神最後能影響物質及操縱自然元素。精神力強的陰陽師，**能超越型體限制，造出神話中的妖物**，例如「八歧大蛇、九尾妖狐、素盞嗚尊、朱雀、青龍」等等。

式神最難處理的地方，不是創造他，**而是控制他**。陰陽師為了隨心所欲地運用式神，**通常要與它訂立契約**，作為啟動的儀式。這個契約可以是符咒、血液、打開錦盒、咒語等等。由於式神的活動要由陰陽師的信念支持，**所以它們不常被召喚出來，以免損耗精神力**。

由於式神沒有物質外型，所以初時的真實感不強，**要透過陰陽師反覆操練，真實感才會慢慢增加**。陰陽師操練數個月後，式神基本成形，**就會開始賦予它能力**，直至幾年後，式神就會發展出多方面的用途，包括攻擊他人精神，預知未來，推測量物件位置，以致憑依在自己身上成為力量泉源等等。

【陰陽師的結局】

培養式神與其他邪術的原理並無分別，都是邪靈假扮成式神，去成就陰陽師的期望。然而，陰陽術與其他邪術有一個很明顯的分別，**就是他投入的期望不同**。茅山術期望的是「欺騙」，降頭術期望的是「感情」，但支持陰陽術的信念的，卻是一股「誠忠」。

之所以會如此，是由於陰術師很少會以一般客戶為服務對象，相反**他們服務的對象是「主公」**，通常是一些地方的諸侯、大名、或將軍，為回應他們的要求而使用陰陽術。所以他們投放在陰陽術的信念，**通常是一股「忠誠」**。之所以是忠誠，是因為他們害怕失去榮耀，害怕被革除到外面的世界，所以這股恐懼就投射在忠誠之上，**作為逃避恐懼的方法**。當他們越想逃避恐懼，越就會使用陰陽術來證明的價值，對主公就會狂熱地效忠。

當陰陽師被這股愚忠入侵，就會惶惶不可終日，害怕失去主公信任，害怕任務失敗，害怕被解僱，**這些恐懼會轉化成更多愚忠**。於是他們會對主公無條件服從，**以致接納一些無理的文化**，例如「切腹」和「自殉」等等，「自殺」就成了大多數陰陽師的下場。

【巫術】

原始巫術(**Witchcraft**)於世界各地自古已有，並無統一的來源。**當人類社會還處於部落時期，對大自然了解不足**，面對天災疫病，就只好寄託在超自然身上。為了穩定人

心，巫師要負責判斷是非、卜問決策、預測天文、甚至醫治疾病等等，這種原始的文化，慢慢發展成自己的習俗，儀式和節期，一般稱為「**薩滿教(Shamanism)**」。

薩滿教並非一個宗教，**泛指一種由部落文化衍生出來的大自然崇拜**。由於近代社會快速發展，現存於世上的薩滿教不多，僅包括南美洲的亞瑪遜族、中美洲的印第安族、非洲科伊科伊族、俄羅斯西伯利亞族、中國滿族、蒙古族、北極愛斯基摩族、台灣布農族、日本阿依努族、北歐薩米族、英國塞爾特族等等。

原始巫術並非偶然生成，**而是被逼產生的**，由於部落缺乏先進科技，**農產品和生活環境全無保障**，所以面對大自然災害，例如旱災、暴雨、颱風、水患、蝗禍等等時，**就會大感無助**，這份無助會產生社群崩解的壓力，**於是領袖唯一能穩定人心的方法**，就是製造超自然崇拜，讓人把安全感寄託在超自然力量上，藉著謨拜太陽、星星、月亮、樹、猛獸、四季的守護靈等等，讓人的安全感有所寄託，就造成了部落眾多的精靈崇拜。

原始巫術把安全感寄託在與精靈的交往中，他們相信萬物有靈，例如美洲印第安人**就相信植物和動物都有靈**，甚至人死後也會變回他們，所以彼此並無分別。巴塔哥尼亞人就特別崇拜荒野中的孤樹，他們認為這是惡靈的化身，所以會在樹上掛滿祭品，以安撫它的負能量。此外，人們敬畏降病的精靈，例如河流的靈、昆蟲的靈、死者的靈等等，**所以巫師治病的方法**，就是和他們交涉，要他們開出釋放病者的條件，然後把牲口和活人獻為祭物。

47

【巫術的信念】

原始巫術並非一種個人法術，而是一種社群政策，源於人民天性純樸，對環境的認識膚淺所致。**由於人們期望部落領袖要解決一切問題**，對外要抵擋自然災害、抵抗入侵者、操控天氣，對內也要判斷是非、解決紛爭，和解釋各種現象等等，**這些工作大大超出了一個原始人的能力範圍**，所以族長唯有使用巫術來履行職責。事實上，**巫師是族人活下去的希望**，要是這個巫師不肯上任，他們還是會找其他人代替的，**否則大家就沒有活下去的勇氣**。所以原始巫術本來就不是一種謀私利的騙術，而是無奈的產物。

每種術式也有它投入的信念，如果說茅山術是欺騙、降頭是私人感情、陰陽術是愚忠的話，那麼巫師所投入的信念，**就是「守護」。很多部落的巫師都是為管治而施術的**，不管是為收成祭天好，是為驅病作法好，還是為斷事占卜好，**都是要團結人心**，使人相信豐收會來臨、苦難會遠去，否則大家就活不下去。所以巫師使用術式時，**投入的信念就是「守護」。**

由於巫師要「守護」族人，所以邪靈只要做兩件事，就能使巫師信賴巫術：**第一，就是在他沒有施術時盡情破壞**，使瘟疫橫行、天災為患、人禍不休，**第二是在他施術後保護社區**，使國泰民安，人民安居樂業，這樣巫師就會深信的巫術有效。

當巫師深信巫術有效，就會在他們心裏植入這關係的念結，每當他要保護社群，就會使用巫術，只**要讓他深信了這因果關係，就能操**

縱整個部族。例如，邪靈想在社群中間散佈仇恨，那麼他只要讓洪水為患，讓巫師相信必須找個無辜人獻祭，就能把仇怨散佈在受害人家庭中。又例如，邪靈要讓人與人之間充滿不公，那麼他只要在占卜中動手腳，就能屈枉正直。

【Tulpa】

Tulpa 是近代興起一種最新的邪術，他並非隸屬於任何一種宗教，也沒有一套系統化的術式，**而是單純以信念創造靈體的技術。**

Tulpa 的興起，**源於法國旅行家妮爾(Alexandra Néel)的經歷**，她醉心西藏文化，自 15 歲起便鑽研藏學，進行苦行、禁食和自我鞭打等修行，21 歲便修讀藏文和梵文。直至 1924 年，妮爾來到當時還未開放的西藏，成為首個進入拉薩的歐洲女性。

在西藏學法其間，妮爾習得一種秘傳的禁術，稱為「Tulpa」。所謂 Tulpa，與陰陽術奧義「式神」的原理相似，**都是用想像力創造出來靈界生物**，只要透過想像，把一頭生物想像出來，然後注入信念，**就能製造出** Tulpa。妮爾覺得有趣，於是就創造出一個苦行憎外形的守護靈陪伴自己，三個月後就有小成。

開始時，妮爾只能聽見 Tulpa 的聲音，及看見他朦朧的黑影。於是妮爾就開始於他交談，發現他能幫助自己思緒整理，便為他注入更多信念，賦予他更詳細的性格、歷史、背景、喜好等等，好讓他提

供更好的意見。她運用深層催眠的方法，使自己深信 Tulpa 存在，幾個月後，她察覺到 Tulpa 有一些驚人的變化。

首先，**妮爾看到 Tulpa 開始自發地活動**，他會微笑，左顧右盼、眨眼等等，這些動作越來越自然，問題是：妮爾從來沒有叫他這樣做。此外，Tulpa 的輪廓越見細緻清晰，表情也變化多端，但不是妮爾心中要造的，卻是嘲諷、狡猾、甚至惡毒的嘴臉。

更離奇的是，**他開始接觸到物質世界**，他的手開始能推動一些東西，走路時更會揚起塵土，後來甚至能拿起東西，把食物吃掉。直至一次，妮爾在參加聚會途中，發覺其他人竟也能看見 Tulpa，這時他就不再是虛幻的生物，**而是一個有型有體的東西。**

妮爾心底發毛，就開始用秘傳中記載的方法，把 Tulpa 收回自己的想法裏。**首先她用模糊記憶的方法，把 Tulpa 的記憶取締，使它的外型漸漸變得朦朧。**然後，把它還原成一個影像，再簡化成一個想法，這樣才能把 Tulpa 消滅，前前後後用了一年多時間。問題是，究竟 Tupla 是甚麼？為甚麼一個精神世界中的角色會被物化呢？

【Tulpa 的原理】

其實根據密宗秘傳原先的指引，**Tulpa 是有可能失控的。**當宿主不斷用信念餵養他，他就會成長得越來越細緻，慢慢有自己思想的，甚至比宿主更真實，最終可能會取代原先那人，**把他的身體佔領。**但妮爾這次把 Tulpa 發展成一個獨立的個體，卻是聞所未聞。

為甚麼會這樣呢？其實當人把信念投放在一種術式時，**邪靈就會執行**，所以 **Tulpa** 的生命，正正是由邪靈賦予的。當宿主製造 **Tulpa** 時，就會把信念投放在它身上。開始時，旁人其實感受不到 **Tulpa**，它只活宿主的主觀中，但當邪靈知道此事後，就會扮成 **Tulpa** 向宿主說話，甚至提供一些睿智的意見，使宿主認為 **Tulpa** 是善意的，就更願意製造 **Tulpa**。於是，**邪靈就能以 Tulpa 的身份在宿主的精神世界活着**。由於邪靈有局部操縱物質的能力，**他可以讓 Tulpa 成為感覺上的實體**，只要有價值，邪靈甚至可以讓多人覺得 **Tulpa** 存在。

Tulpa 與其他邪術不同，其他邪術是為了某種目的而做的，比如茅山術是為了欺騙，降頭術是為了感情，陰陽術是為了愚忠，但 **Tulpa** 不是如此，宿主本身並非特別邪惡，**他只是覺得「寂寞」而已**。所以只要宿主陷入與 **Tulpa** 的感情中，慢慢就會把 **Tulpa** 視為解決寂寞的靈藥。只要他一遇到寂寞，就會投向 **Tulpa**，於是產生了對 **Tulpa** 依存，當這份依存慢慢提昇，邪靈就能使用 **Tulpa** 操控他。

【魔法】

由於《哈利波特》(Harry Potter)一書所引起的風潮，世人對魔法也產生了濃厚興趣，書中記載的魔法，不過是噴噴火、騎一下掃把，彷彿人畜無害、輕鬆有趣，但其實真正的魔法，是一種極端危險的邪術。

魔法在歐洲自古已有。在工業革命之前，古歐洲生存環境惡劣，常要面對大自然的挑戰，**所以就產生了自然崇拜**，於是出現了許多以「自然元素」為屬性的精靈(Elf)，例如花精、湖妖、樹怪等等，所謂魔法，**就始於與這些精靈之間借力溝通的秘訣。**

最經典的魔法分為「地水火風」四門，稱為「四大元素」，每一門又分各種等級，有攻擊用的魔法，有輔助狀態用的魔法，有召喚精靈等等，是一門操控元素為己用的術式。此外，在四大元素之外，又分為「光明」與「黑暗」兩門，光明魔法擅於恢復人精神、體力，所以又稱為「**白魔法(White Magic)**」，而黑暗魔法以攻擊和詛咒為主，又稱為「**黑魔法(Black Magic)**」。

由於魔法師要靠意念運用魔法，**所以他會選擇屬於自己氣質的一門魔法修練，這就涉及魔法師的星座屬性**，以白羊、獅子、人馬為火象，金牛、處女、摩羯為土象，雙子、天秤、水瓶為風象，而巨蟹、天蠍、雙魚為水象。由於地水火風四元素之間互有剋制，所以通常魔法師只能修練一至兩門魔法，包括自己屬性的一門，和光明黑暗其中一種，**鮮有人能同時修練多門。**

【魔法的怨念】

魔法的原理與茅山術、降頭術等等相約，但它有一種與別不同的危險性，**就是信念中一份深刻的詛咒**，這份詛咒源自魔法師**長期被社會歧視**。由於天主教在四、五世紀開始主導歐洲社會，魔法師被視為異端，尤其女性會被大幅醜化，女巫多是以鷹鈎鼻老太婆的形象出現，身上披着一件污穢的黑斗篷，喃喃

自語，在大鍋煮著蝙蝠、毒蛇、蜘蛛、蜥蜴、毒蛇等，看來瘋瘋癲癲。

自從 1487 年的獵巫手冊《女巫之槌》**(Malleus Maleficarum)**面世後，**整個歐洲社會就把矛頭指向女巫。**由於女巫被判死刑後能沒收她的財產，所以令各界對獵巫運動更加積極。被指控為女巫的人，**會被送上異端裁判所(Inquisition)受審**，過程中不斷面對刑求，比如火燒之刑、吊刑、鉗手指刑、坐釘椅、穿熱靴子、剝奪睡眠等等，那時被處死的女巫**有 10 多萬人**，絕大多數都是女性。

事實上，許多被指控為女巫的女性，**都是無辜的**，或許只因她們某個家人是魔法師，或許是拒絕了求婚者後遭報復，或許是她們被某個教士變態的欲望看中，種種情況比比皆是。當她們劫後餘生，為了報仇，**很多時都會把怨恨投入真正的魔法中**，要報復加害她們的人，因此魔法所含有的怨恨，**要比其他邪術強烈百倍。**

許多女巫都是為報復而主動尋找邪靈的，這是由於歐洲人擁有新約聖經，對靈界的架構都略知一二，**所以她們知道自己與魔鬼交易**，但為了一腔仇恨，**都在所不惜。**事實上，那時很多教士都被女巫詛咒，**邪靈就乘着這股怨念大舉侵入教會**，使它充滿了各式各樣的權力欲、性欲和貪婪，以致急速敗壞。與此同時，由於魔法師求助於魔鬼，所以她們把靈魂賣給了魔鬼，以致作出許多淫行邪術。

【魔法的力量】

事實上，魔法較諸其他邪術並無特別之處，它唯一特別之處，在於背後由一股濃烈的怨念，這股怨念具有毀滅性，在施法的同時，自己也會萬劫不復。

許多魔法的術式都要投入大量苦毒，特別是黑魔法。例如真正的「酷刑咒」，要投入大量恨意，首先在想法中經歷對方所受苦痛，思想他每寸肌肉被傷害，代入去感受被施刑的感覺，甚至有時要以刀劃身，這股怨念才足夠成法。此外，魔法還有各式各樣的召喚術，原理與式神相似，繼有精靈契約，使魔召喚、魔獸召喚、人面鳥召喚、「天使」召喚、水晶球占卜等等，都是危險性極高，容易引起精神錯亂的召喚術。

直至後來，教會被新教分裂，追殺女巫的情況才終止。於是**中世紀那種苦毒的魔法就成了歷史，因此現代的女巫，已經沒有古時那種力量**，後來就成為了歐洲流行文化的一部份。

【練金術】

練金術(Alchemy)起源於一世紀小亞細亞地區。**由於當時的人受到《啟示錄》中有關「天堂」的記載影響**，認為黃金是天上的東西，加上《啟示錄》作者約翰是以弗所教會的長老，就使小亞細亞一帶產生了黃金崇拜，民間就出現了各樣製造黃金的秘訣。這些傳說使金價高居不下，也導致練金術研究一直沒有停止。發展至中世紀時，黃金已成為社會的共通貨幣，**貴族和政**

府都認為練金術是一門有利可圖的投資，在他們的支持之下，練金術就在西歐及伊斯蘭地區一帶成為了一門炙手可熱的研究。

事實上，**練金術初時只是鑽研如何產生黃金的學問**，練金術師會試圖從礦物中分解出金屬，然後組合成黃金，這門技術其實近似現代的化學**(Chemistry)**，連它們的英文字源都一樣。正因為練金術看似合乎邏輯，所以即使是偉大的科學家牛頓**(Isaac Newton)**，也在生命最後的三十年成了一名練金術師，他留下有關練金術的秘訣超過 110 萬字，後人發現很大部份都是記載着神秘的話題，比如啟示錄、練金術、長生不老藥等等，更重要的，是一種在練金術中著名的神秘物質，稱為「**賢者之石**」。

【賢者之石】

賢者之石**(Philosopher's stone)**，又名「第五元素(Fifth element)」，電影《哈利波特之神秘的魔法石》(Harry Potter and the Philosopher's Stone)，所指的就是賢者之石，它是練金術演**轉變**成邪術的**轉捩點**，也是所有練金術師追求的終極目標。傳說在奧地利有一名叫沙拉的修士，修道院財政欠佳，於是他就出外尋找賺錢機會。直至一日，他發現了一塊刻有不明符號的古老銅片，以及四個裝着紅色粉末的小瓶，沙拉深信這是上主的祝福，就認定東西必有文章，於是就把紅粉倒在銅片上加熱，發覺它竟然變成了黃金，於是修道院的財困就解決了。

沙拉認為這是上主幫助修道院的方法，就興奮地傳開這消息，只是後來羅馬教廷的大主教知道這事，就派人搶奪紅粉。於是，沙拉就

帶着紅粉逃亡，後來到了首都維也納，把這事告訴當時的波希米亞皇帝羅本一世，就換來保護；作為交換，皇帝就索取了紅粉作研究，並着手製作黃金。

這些紅粉就是賢者之石。後來，傳說波希米亞皇帝掌握了賢者之石的製作方法，輾轉流落到不同的地方，它們就成了練金術師的終極追尋。由於賢者之石含有宗教背景，所以在煉製過程中，就出現了許多咒文、念力、封印、魔法陣、和最重要是投入各樣財物、記念品、甚至人血作為「獻祭」，**這種練金術的最高原則，稱為「等價交換(Equivalent exchange)」**。

等價交換是邪靈入侵練金術的關鍵。由於等價交換要求練金術師投入犧牲，所以就產生了一股回報的期望，**這期望就會種下一個念結。**例如他希望煉製出「賢者之石」，於是投入活人獻祭，這犧牲會引致他期待回報。於是，邪靈就能利用這股期待，使賢者之石出現，**讓練金術師覺得自己的信念有甚麼特異的力量。**再加上練金術所耗甚鉅，由設備、組件、玻璃瓶、蒸餾器、火爐、燃料等等，都所耗不菲，**所以他們要收受了當時貴族許多投資**，就只好無所不用其極地求成。

在中世紀部份記錄中，**賢者之石都曾被煉製出來，成為了各種程度的製成品**，它們具有特殊的紅光，能在加熱後使金屬成為黃金。然而，也有記錄指出**賢者之石煉出來的只是一堆廢鐵**。於是後人就解釋，這是因為練金術師在煉製過程中接觸到許多重金屬，就引致他們重金屬中毒，所以精神錯亂。但其實熟悉靈界運作的人都明白，**這是因為他的信念太強，產生了複合的視覺。**

有人以為中世紀的練金術師們就此成了瘋子，其實正好相反，那只是小部份失敗者呈現的假象，有好一部份的練金術師，他們煉製出來的黃金，**都能在其他人面前成為真正的黃金。**之所以會如此，是因為邪靈肯動用他們的力量，在其他人心目中製造幻象。成功的練金術師，通曉到「賢者之石」都是邪靈的工作，**當他們願意成為真正的通靈者，邪靈自然樂於賦予他們一切。**由於練金術師本身擁有科學背景，他們為了追求奧秘，**就與邪靈交換各種宇宙間最隱秘的知識，於是他們就成為了一群身兼科學和靈界力量的人類精英。**這群人，後來成了一個的秘密結社的成員，支配着世上的尖端科技，他們稱為「光明會」。

【光明會】

光明會(Illuminati)是一個十七世紀由科學家所形成的秘密組織，由於當時世界仍受教會支配，哥白尼的日心說(Heliocentric theory)等等「前衛」的科學思想仍屬異端，所以為免被逼迫，**真正的科學家唯有逃進地下組織中，**去交流科研成果，其中一個組織就是光明會。

光明會初時只是地下科學家協會，但他們追求科學的欲望，引來了練金術師參與，**由於練金術師從邪靈所獲得的科學技術，早就站在人類的尖端，所以他們輕易就支配了光明會。**光明會會員都是聰明絕頂的科學家，熱忱追求真理，邪靈有見及此，**就向他們提供超越當時科技水平的科學知識，作為交換他們信奉的條件，因此直至今天，光明會仍然手握着超越我們所理解的科技知識。**

大多數光明會會員，都是為了追求真理而與邪靈交易的，**但由於他們掌握着超世的科技力量，和從練金術而來的大量資金**，加上受到邪靈網絡支持，所以有很多人後來都成了野心家，作為交換，他們協助邪靈在世界背後操縱一切。這個與邪靈直接連繫，世界性的權力組織，稱為「**共濟會(Freemason)**」。至於他們在歷史上如何支配着人類發展，和現在他們支配世界的方法，這話題涉及太廣，作者會另外藉書詳述。

名稱	地點	危險性	信念	簡述
茅山	中國	5	欺騙	華而不實，徒具招術，力量欠奉。
降頭	南洋	8	感情	以個人感情驅動，威力強大，但容易反噬。
陰陽術	日本	6	恐懼	陰陽師易受主公操控，意志薄弱，以致威力一般。
巫術	原始部落	8	保護	為保護部落而生的邪術，威力可以很強大。
Tulpa	現代	4	寂寞	信念不強。
魔法	西歐	8	仇恨	以往因怨念推動而非常強大，現代大不如前。
錬金術	地下結社	10	求知	直接向邪靈借力，能獲得超越時代的力量。

簡評：所有術式的技術均為次要，它們的威力與危險性成正比，所以術師願意付出的信念越多，所產生的力量就越強。

第肆、

「在天國中，天使並不是甚麼特殊人物。」—蕭伯納(G.B. Shaw)(1)

在人類歷史中，出現過不少邪術，他們曾以不同的名稱在世界各地出現，但其實他們力量的來源只有一個，就是靈界。究竟靈界的力量從何而來？

【光】

這個物質世界存在於「造物主的精神世界」中，一切事物背後，都由造物主的意念支持着，**情況有如「電腦編寫虛擬空間」一樣**，物質世界就是造物主用想法編寫出來的空間。

回到起初，由於造物主要編寫一個新世界，所以他首先要訂下的，**就是「這世界呈現的形式」**。現在世界是用「物質」來表達的，但其實邏輯上，**世界不一定要用「物質」表達**，例如它也可以用「文字」來表達，要是這樣，萬物就會成了一連串文字，太陽就會以「太陽」這兩個字表達，熱就會以「熱」這個字表達，人就會以「他的名字」表達，一切現象就成了「句子」。那時人的感覺就會與文字的意思接駁在一起。例如造物主寫：「李先生覺得冷。」李先生就會感到冷，而不須有任何三維的呈現。

如果世界用文字來表達，那麼造物主就會以「筆劃」來呈現他的意志，**因為對於文字世界來說，筆劃就是構成它的元素**。造物主以筆劃來表達他的意志，情況就如我們創作小說一樣，會用筆劃來做創世者的角色。然而，造物主沒有選擇造一個文字性的世界，他選擇了造一個「物質世界」。既選用了物質，造物主干涉這世界的方式就不再是筆劃，而是「**光(Light)**」。造物主透過「光」干涉世界，這是甚麼意思呢？**意思就是：光就是造物主的筆。**

> 神就是光。(約
> 翰一書 1:5)

由於世界是由造物主的意志創造出來的，所以萬象背後，其實都有一個不可思議的實情：不是「先有物質，然後光才照射出它們的現況」，實情剛好相反：「**本來就甚麼都沒有，當造物主想像某個情況要發生，光就會建構出他心裏的映象，然後物質才按這映象被造出來**」。對於我們這些被造物來說，由於存在時已經被造了，所以是無法感知這過程的，當造物主的意志未啟動時，我們還未存在；後來我們「被存在」了，造物過程也完結，自然感覺不到之前的一切。但其實，這情況不難理解，就好像我們要在想法裏造出一張椅子，這椅子本來是不存在的，當我們想像它存在，它就存在了，**這個想像的動作本身，就是我們投向想法維度的光**。同樣，當造物主把他的想像力投放物質世界，就造成了物質，那個想像力就是光的本來面目。

也就是說，宇宙間所有物質，其實都不是實存的，它只是某個實體所引申出來的「影」，這個實體是在「造物主心裏的概念」。情況就好像我們在想法世界中造出

> 各樣美善的恩賜和各樣全
> 備的賞賜都是從上頭來的，
> 從眾光之父那裏降下來的；
> 在他並沒有改變，也沒有轉
> 動的影兒。(雅各書 1:17)

一張椅子，這張椅子不是本體，「**我們心裏對椅子的概念**」才是本**體**。

正因為光是「造物主的意志」，所以科學上才會發現有關光的悖常性質：無論從「光速行進間火箭」看來，或是從「不動的烏龜」看來，某束光線的速度對他們來說都是一樣快的，這種現象稱為「**光速不變定律(Principle of constancy of light velocity)**」(2)。所謂「光速不變定律」，是科學巨人愛因斯坦(Albert Einstein)所發現的現象。它是什麼意思呢？假設有個光源，無論我們正在往它跑近或離遠，這光接觸到我的速度都是一樣的。這現象並不會出現於其他物質身上，比如有人扔個皮球過來，我迎向它，就會加快了接觸，相反遠離它，就會久一點。

> 耶和華的眼目遍察全地。(歷代志下 16:9)

「光速不變定律」合乎我們日常生活的經驗。如果按照經典的「速度合成原理」，皮球的映像就會以「球速加光速」向我們襲來，那麼球「出手後」的映像，就會快過「出手前」的映像來讓我們看到，這樣你就會先看到「球在空中」，然後才看到它「拿在手裏」，我們的生活就會一片混亂。

無論光源與我們如何移動，光速「對我來說」總是不變的，這是已經被證實多年的現象。為什麼會這樣呢？其實就如《升空奇遇記(Star Trek)》一樣，即使太空船以光速行駛，它同樣能被畫面捕捉，因為照射太空船的光不是出於劇情世界，**而是來自戲外導演的「打燈」**。造物主，就是這個導演。

【創世的原因】

這個世界由造物主的意志造成，所以從本質上，**他在這世界就無所不能，沒有事能出乎他意料之外，**因為任何現象本來就是他的意志。這個造物主，就姑且稱為「**神(God)**」。

很多人會問「為甚麼神要創造世界呢」，事實上，**我們無論如何也不能知道，**因為就算他說了，我們也無能力確定，只在乎信與不信而已。根據基督教聖經的設定，神之所以要創造世界，**是為了自己的榮耀**，這種榮耀不意味着他是自私的，**因為他要把這份榮耀顯在愛裏，**說得白一點：他刻意創造一些被造物出來，去愛他們，是期望被造物感激他。這些被神揀選去愛的被造物，就是人類。

對神來說，**最重要的就是與人建立一段關係。**既然要建立關係，就不能好像造物質那麼直接，因為關係是不能勉強的，**要等候人自願。**所以神首要去做的，**就是要向人表白自己，包括自己的心、自己的能力、和自己的性情等等，**然後等人回應。而神向人表白自己的媒介，就是「天使」。

【屬性】

天使是神表白自己的媒介。但神為甚麼不親自向世人表白自己，要由天使去做呢？**因為神的本質太過無限。**

神無限，人的理解力卻有限，所以**窮盡他們一生一世也不會捕捉到神的九牛一毛，**若勉強人去理解，**永遠都會產生誤解。**情

況就如你現在以為地球是某種面貌的，但其實你還遊覽不到地球的2%，所以你對地球的理解一定有誤，所謂夏蟲不可語冰，就是這個意思。

同樣，神若勉強人了解自己，就會一定會產生誤解，以為「這」就是神。**所以為免出現這種情況，神就只好按着人的理解力，把自己拆開成容易消化的屬靈部份，讓人循序漸進地認識他，這些部份稱為「屬性(Nature)」**。

以致你責備我的時候顯為公義；判斷我的時候顯為清正。(詩篇 51:4)

所謂「屬性」，**就是指神面對不同場景時所表現出不同的反應**，例如面對要責備的事，他會顯得「公義」，面對左右為難的場面，他又會顯得「清正」，面對一萬個場景，他就會顯出一萬個面向，**這些不同場景下的面向，就是屬性**。

神若要人了解自己，就要引導人明白他的屬性，**讓人透過「縱合法(Synthesis Method)」**，領會出一個立體的他。所謂天使，**就是負責引導人認識屬性的使者**。

【差別】

神為了讓人認識自己，就按着人的理解力，把自己拆開為不同屬性；然而「屬性」與神之間，畢竟是有差別的，這差別就成了他不得不用天使的原因。

> 聖靈所結的果子，就是仁愛、喜樂、和平、忍耐、恩慈、良善、信實、溫柔、節制。(加拉太書 5:22-23)

所謂「屬性」，是神把自己「裁剪成小塊」，但神畢竟是無限的，「有限」要表達出「無限」的他，就無法避免失真，所以即使把所有「屬性」加起來，又公義又憐憫又忍耐等等，極其量都只是神的「近似值」，就好像要用許多直線把圓型繡出來一樣，畢竟都只是個近似值而已。

正因屬性只是神的近似值，所以神就不能親自上陣，**免得人誤會**「這近似值就是神」，那時人就會「藐視神」，所以就造出天使去負責。

【天使】

神要天使代替自己去演繹屬性，以引導人成長。怎樣引導呢？天使會用「賞善罰惡」的方式，獎勵人好的行為，懲罰不好的行為，藉此建立人正確的價值觀。例如「爭戰的天使(Fighting angel)」要使人學會「為義爭戰」，於是當人過份軟弱時，就會讓他自吃苦果，好讓他明白「不應軟弱」。

由於「神的道」包羅萬有，他的屬性極其繁多，**所以就有許多不同種類的天使**。神要人懂得「和平」，就要有「和平天使」；要人懂得「爭戰」，就會有「爭戰天使」；要人懂得「讚美神」，就會有「讚美天使」等等。例如，歷史上曾經過出現一位「殺戮天使」：

「當夜，耶和華的使者出去，在亞述營中殺了十八萬五千人。」(舊約聖經.列王紀下 19:35)

這「殺戮天使」能在一夜之間殺死十八萬五千個軍人，能力非常誇張，只要他再殺下去，不消幾個月，**就能獨力殺死當時世上所有人**(4)。問題是天使既有成千上萬(5)，**如果個個在殺戮方面都像他這麼強，地球根本就裝不下他們的工作量**。神既不須要人守衛，**也不造多餘的使者**，所以顯然易見，天使就不可能個個一樣，他們必有不同的屬性。

【天使的階級】

天使要負責營運這世界，引導人認識神。由於人預期神掌管一切，**所以天使的表現如何，人就會覺得神是如何**，例如這世界充滿公義，人就會覺得造物主是公義的；這世界血肉橫飛，人就會覺得造物主殘暴不仁，正如我們**也會把甚麼都歸究**在他身上的。

正因如此，天使們營運世界時，**就要按着神的本性配合**，不能獨行獨斷。比如公義的天使表現過多，阻礙了憐憫的天使施恩，就會使人誤解神「不近人情」，**因此天使必須按着神的性情分工**。

66

所謂性情，就是一種處事的原則。例如神「價值支配行為」，所以「掌管物質的天使」就要受「掌管價值的天使」節制，以顯示出神是思考而後行的。更進一步，神心內的各種價值

> 我聽見掌管眾水的天使說：「昔在、今在的聖者阿你這樣判斷是公義的！」(啟示錄 16:5)

(Value)之間，也有不同的層次；有的是「終極關懷(Ultimate concern)」，有的是「想法(Thought)」，有些的「情緒(Emotion)」等等，這些層次之間同樣有從屬關係。

例如神對罪會大加「殺戮」，他之所以會殺戮，是源自他的「公義」，之所以公義，是因為他本質上的「聖潔」，因此「聖潔的天使」比「公義的天使」高級；「公義的天使」又比「殺戮的天使」高級。

> 那時，基督既將一切執政的、掌權的、有能的，都毀滅了，就把國交與父神。(哥林多前書 15:24)

越接近神本質的屬性，這天使就擁有越高的權力，因此天使之間擁有很多階級，計有「執政的(Principatus，另譯『權天使』)」、「掌權的(Powers，另譯『能天使』)」、「主治的(Dominion，另譯『主天使』)」、「有位的(Throne，另譯『座天使』)」和「有能的(Might)」的級數等等。

67

【基路伯】

整個天使制度，都是為了「彰顯神」而設的，從神最外層的行為，到他的情感、想法、以致核心價值等等，**都有相應的天使負責**。由於神的價值之間有從屬關係，所以天使之間就有不同階級**(Ranking)**，這些階級的頂峰，就是「基路伯**(Cherub)**」級的天使。

> 希西家向耶和華禱告說：「坐在二基路伯上耶和華以色列的神阿你是天下萬國的神！你曾創造天地。」(列王紀下 19:15)

基路伯是最接近神的天使，他擁有多種形態，比如一種稱為「活物」的形態，就擁有六翼。當宇宙間所有被造物都無法在神面前站立時，**唯有兩位基路伯勉強**可以。正因為他與神這麼接近，所以他承繼的屬性就是「**榮耀(Glory)**」。

基路伯掌管「榮耀」，他要引導人體會神的榮耀，所以他的工作就是「**榮耀神(Glorified God)**」。因此，基路伯會透過各種方法，包括讚美神、敬拜神、向神禱告等等，**把神的榮耀向世人表達**。

由於神的榮耀太過強烈，對任何受造物來說都難以承受，所以神要常設兩位基路伯

> (耶和華)他坐在二基路伯上，地當動搖！(詩篇 99:1)

去承受他要流向宇宙的榮耀，每個只能承受一半，這已經是受造物的極限。正因如此，他在天國擔任「**神的座位**」，所謂「神的座位」，**就是要把神承托在「當得的位置」上**，使他享受當得的地位。

基路伯要榮耀神，**使受造物向神歸心**，由於整個宇宙的存在意義都是榮耀神，所以基本上任何事物都在基路伯的指揮範圍，這種角色，使他們站在「只在神之下」的權力頂峰。

【本位】

天使有不同的階級，他們的結構嚴密，有些負責統籌，有些負責管理，有些負責執行，合力負責引導人類歸向神。

> 又有不守本位，離開自己住處的天使。(猶大書 1:6)

由於他們的能力由神親自傳授，在各自的專長都有「神級」的能力，所以必須謹守崗位，否則就會天下太亂。這個崗位稱為「天使的本位(Own habitation)」。

> 就是天使犯了罪，神也沒有寬容，曾把他們掉在地獄，交在黑暗坑中，等候審判。(彼得後書 2:4)

天使他們都有自己本位，在行政上要聽從上級，總體來說要聽從神，每個天使都要順服這命定。如果他們擅離職守、不守本位、做事自把自為，人類就無法感受神，天使就會招惹神的審判。

然而，他們既是靈體，就擁有選擇的自由，**總有可能會出現一些不受節制的天使**。這種不受節制的天使，稱為「**邪靈(Demon)**」。

第伍、

「魔鬼存在於細節之中。」—凡德羅(L.M. Van der Rohe)(1)

神造出天使出來，是要他們各按其職、分工合作。但他們始終擁有自由意志，會否守住本位，始終要看他們自己選擇。要是有朝一日他們不聽從指示，任意而行，就會變成一股極其危險的勢力。

【路西法】

第一個背叛了神的天使，名叫「路西法(Lucifer)」，他是掌管「榮耀」的六翼基路伯天使。

> 遮掩約櫃的基路伯阿，我已將你從發光如火的寶石中除滅。(以西結書 28:16)

> 你曾在伊甸神的園中，佩戴各樣寶石...又有精美的鼓笛在你那裏，都是在你受造之日預備齊全的。(以西結書 28:13)

由於路西法掌管「神的榮耀」，所以他被造時已經擁有「精美的鼓笛」。所謂「精美的鼓笛」，是古時為讚美君王而使用的樂器，之所以要賜給他，是要協助路西法讚美天上的君王。

正因為他深諳如何榮耀神，所以被神賜名「路西法」。「路西法」的意思是「明亮之

> 王阿，你曾降旨說，凡聽見角、笛、琵琶、琴、瑟、笙和各樣樂器聲音的都當俯伏敬拜金像。(但以理書 3:10)

星」，因為他的角色正如「明星之星」一樣，**把神的光輝反映出來：**神有多明亮，他就有多明亮。

> **明亮之星，早晨之子阿！你何竟從天墜落？（以賽亞書 14:12）**

路西法既是「明亮之星」，他的職責就是「榮耀神」，但在天國裏，事工都要分工合作，沒有人會獨自承擔一切，所以他必須有其他天使的幫助。

【至高權力】

在神的理想中，人與人之間應該分工合作，所以天國裏，也是**團隊合作的**；路西法作為天國的統帥，有幫助者供其差遣。

> **全身都靠他聯絡得合式，百節各按各職。（以弗所書 4:16）**

「**智慧的天使(Wisdom Angel)**」：路西法要榮耀神，不是膚淺地「拍馬屁」就可以，**而是要深入閱讀神的作為**，從小節中看出他智慧的痕跡，提醒大家要留意。要做到這一層，路西法必須靠着「**智慧的天使**」幫助，才能分析出神獨一無二的特質。

「**教導的天使(Teaching Angel)**」：路西法要榮耀神，不單自己要領略到神，**還要使別人看見「自己所看見的」**，因此他必須有入木三分的表達能力，才能活靈活現地把神刻劃。要有這種傳訊能力，就須要有「**教導的天使**」幫助，才能按着各人不同的程度，深入淺出地表達神。

路西法是掌管「榮耀」的基路伯，**是天國裏階級最高的天使**，擁有僅次於神、一人之下，萬人之上的位置。然而，正因為他大有尊榮，所以當神後來另有安排時，他就無法接受。

【路西法的墮落】

西法之所以要背叛神，是因為他「**驕傲(Pride)**」，但這份驕傲的含意，遠比一般所理解的深刻。

> 你因美麗心中高傲，又因榮光敗壞智慧，我已將你摔倒在地，使你倒在君王面前，好叫他們目睹眼見。(以西結書 28:17)

由於路西法的職責是「榮耀神」，他自己首先要體會神的榮耀，才能向人反射，所以他所體會「神的愛」，要比其他人深刻百倍。要令一個愛神至深的路西法突然 180 度扭曲，就要有一條具份量的導火線，**這條導火線就是「神愛人類比他更多」**。

> 衆天使都站在寶座和衆長老並四活物的周圍，在寶座前，面伏於地敬拜神。(啓示錄 7:11)

由於路西法掌管榮耀，所以被神委予了重任，要帶領宇宙萬物榮耀神。正因如此，他比誰都首先經歷神的愛，比誰的體驗都第一手，比誰的體驗都深刻，然後神的榮耀才經他流向大家。

從路西法的角度看來，神把整個宇宙都交付了他，他就為神打下江山，這就是他們之間宿世的浪漫，**因此在路西法的主觀而言，他自己就是神的兒子**。

然而好景不常，最後神作出了一個公告：

「我們要照着我們的形像，按着我們的樣式造人，使他們管理海裏的魚、空中的鳥、地上的牲畜和全地，並地上所爬的一切昆蟲。」(創世記 1:26)

神作出了一個驚人的決定，他要立人類為王，之前所造的每個天使，只是協助人類成長的僕役。這公告對愛神至深的路西法打擊最大。從他看來，自己為神打下了半壁江山，維繫了所有天使的忠誠。現在神沒有立他為兒子，反而叫他和辛辛苦苦建立的團隊，去服侍那

> 天使豈不都是服役的靈、奉差遣為那將要承受救恩的人效力嗎?(希伯來書 1:14)

班無能的人類，難免會感到「被出賣」，當這感覺日漸累積，就會變成無法排解的苦毒。

路西法這一連串的心理變化，都是源於驕傲，他無法順服神本質上的權力：神有沒有權揀選「無能的人類」為兒子？對於擁有「神級」能力的天

> 我要升到高雲之上，我要與至上者同等。(以賽亞書 14:14)

使來說，這是畢生都要面對的一題。對於愛神至深的路西法來說，他的答案是「神揀錯了」。

於是，路西法的心就離開神，**此後他都為了要證明「神揀錯」而不惜一切**，即使自己身陷苦境也在所不惜。由於他已經不能再能反映神，所以他的名字就由「明亮之星(路西法)」，改稱為「**撒旦(Satan)**」，意思就是「**敵擋者**」。

【撒旦如何誘惑其他天使?】

撒旦引誘了天上「三份之一」的天使墮落。很多人不明白，為甚麼會有這麼多天使甘心跟撒旦背叛神，這其實是與撒旦的能力有關。

> 他的尾巴拖拉着天上星辰的三分之一，摔在地上。(啓示錄 12:4)

> 因為神的恩賜和選召是沒有後悔的。(羅馬書 11:29)

撒旦被賦予的恩賜是「讚美」，即使他不再效忠神，基於神的本性，給了去就不會收回，所以撒旦的能力也不會收回。只不過，現在撒旦不再把他的能力用在榮耀神身上，卻是用在其他天使身上。

撒旦怎樣把讚美能力用在其他天使身上呢？**每個天使都有專屬天賦**，例如「爭戰天使」擅於爭戰，「智慧天使」就擅於看透事情等等，撒旦既有賞識人的能力，就不難找出他們值得誇耀之處，**只要把它的重要性無限誇大**，到最後他們就會不滿現狀，不滿到極點就會離開神。

例如「殺戮天使(Killing Angel)」是要按神(或神所立的上級，後同)指示奪去某些人生命，然而**他不可能完全明白為甚麼神沒有即時擊殺一些惡人(否則他就不須要聽指示)**。當他眼看義人身陷險境，撒旦就會誘惑他：「神真不許你殺死惡人嗎？只要殺了他們，義人就能得救。」由於天使沒有神那種層次的智慧，所以在他的角度看來，撒旦的話會說中了心坎。**這就會產生一份抉擇的壓力**，要不他就死心眼地「信靠神」，要不他就「信靠自己」，要是他選擇了信自己，**就會隨己意大開殺戒，結果他就成了「死亡的靈(Spirit of Death)」**。

所有天使**對職務的判斷力都及不上神**，比如執行的時機(遲些才殺)、範圍(只殺一個)、和手法(安祥地死)等等，只要撒旦在這理解的差異上鑽，**就能令天使懷疑**。或許我們對於讚美的能力竟能動搖天使感到不可思議，但事實上撒旦的讚美能力非同一般，而是神級的，與世上任何擅於操心的權術家都不可同日而語，所以他能造出如此不可思議的事。

當天使不斷受撒旦吹捧，就會自我膨脹到極點，最終對神的不滿就會到了臨界，結果離開神；相反，**他們會覺得撒旦真是「慧眼識英雄」**，只要振臂一呼，就會跟隨他，從此就成了邪靈。這個天使離開神的過程，稱為**「墮落(Fall)」**。

【墮落】

正如之前所說，即使天使離開神，**他們天賦的能力也不會消失**，例如「合一的天使」，他本應使大家「以神為中心」合一起來，但當他離開神後，**就會不受節制地濫用**，使大家不顧一切地聯合，結果就成了「**淫亂的靈(Spirit of Whoredom)**」。不同類型的天使，有不同的能力，所以他們墮落後，也會因為保有不同能而變成各種不同的邪靈。

原先的天使	變成的邪靈
讚美的天使(Angel of Praise)	驕傲的靈(Spirit of Pride)
合一的天使(Angel of United)	淫亂的靈(Spirit of Whoredom)
自由的天使(Angel of Freedom)	混亂的靈(Spirit of Confusion)
治理的天使(Angel of Ruling)	操控的靈(Spirit of Control)
安慰的天使(Angel of Comfort)	謊言的靈(Spirit of Lie)
憐憫的天使(Angel of Mercy)	徇私的靈(Spirit of Favoritism)
哀慟的天使(Angel of Sorrowful)	憂傷的靈(Spirit of broken)
勸化的天使(Angel of Persuaded)	爭競的靈(Spirit of Contention)
信心的天使(Angel of Faith)	蒙閉的靈(Spirit of Ignorance)
忍耐的天使(Angel of Patient)	軟弱的靈(Spirit of Weak)
節制的天使(Angel of Save)	貧窮的靈(Spirit of Poor)
智慧的天使(Angel of Wisdom)	詭詐的靈(Spirit of Guile)
奧秘的天使(Angel of Mystery)	假先知的靈(Spirit of False Prophet)
安息的天使(Angel of Rest)	懶惰的靈(Spirit of Slothfulness)
清潔的天使(Angel of Cleaning)	孤兒的靈(Spirit of Fatherless)
敏銳的天使(Angel of Sensing)	恐懼的靈(Spirit of Fearfulness)
公義的天使(Angel of Righteousness)	殘酷的靈(Spirit of Cruel)
爭戰的天使(Angel of Fighting)	暴力的靈(Spirit of Violence)
殺戮的天使(Angel of Killing)	死亡的靈(Spirit of Death)

這些是天使大概的分類，**實際的分類遠比上述細緻**，何止成千上萬。只是由於**人類的言語太過粗疏**，不足以描述天國分工的細緻，所以才姑且用這些詞彙形容而已。

76

【權柄】

邪靈叛變後，神就會立刻知道，所以會即時追擊。精神世界裏戰爭的模式，**與地上完全不同**。地上的戰爭都是以「破壞身體」為爭戰的目標，無論是砍劈、槍擊、轟炸、放毒，都是以破壞對手身體為目標的。但靈體沒有肉身，因此戰爭的意義並不在於「消滅」對方，而是「**癱瘓對方的影響力**」，而癱瘓的方法就是向他「**發放訊息**」，直至完全操控他為止，所以在靈界裏，是用「訊息」來作戰的。

人人都懂得發放訊息，但要影響到別人，就要擁有「**權柄(Authority)**」，因為當對方接受你的權柄時，你所發出的訊息就能操控對方，要對方停止就停止，要對方幫助自己就幫助自己，要對方怎樣

> 因為我在人的權下，也有兵在我以下；對這個說：「去」，他就去；對那個說：「來」，他就來；對我的僕人說：「你做這事」，他就去做。(馬太福音 8:9)

就怎樣。所以在**靈界中爭戰勝負的關鍵，就在乎權柄**。

「權柄」是靈界爭戰勝負的關鍵。問題是：怎樣才會在對手身上有權呢？**關鍵就在於「對方信不信」**。例如「國家元首」之所以會在「政府官員」身上有權，**是因為官員相信他**；但國家元首對着「精神病人」就未必有權，因為精神病人不信他。**所以權柄是主觀的，在任何人身上都不同**。

既然權柄是主觀的，那麼只要不去相信「對方有權」，不就可以天下無敵了嗎？這是不行的，**因為我們信甚麼，受到現有的念結影響**，只要人有「相信對方」的念結，就無法去刻意去「不相信」他，正

如你永遠無法刻意去不信「一加一等於二」，就算勉強自己口頭上不相信，你心底永遠無法不相信。同樣，邪靈有「神有絕對權力」的念結，**就無法為了逃避對方，而刻意去令自己「不相信」**。正如我們對着公司老闆，也無法為了拒絕他，而「不相信」他是老闆的。

> 神的道是活潑的，是有功效的，比一切兩刃的劍更快。(希伯來書 4:12)

同樣道理，天使既慣於服侍神，所以神的吩付總是帶有權力，就如同「利劍」一樣，每當神發出吩咐，都會以「利劍」的感覺向天使襲來，雖然靈體沒有身體給人砍，但由於他們害怕神，所以**就所承受的壓力來說**，他們與被利劍威脅是沒有分別的。

當邪靈墮落，**神就會立即擊打他們**。由於這時不過是邪靈第一次背叛，他記憶裏仍然深厚地積壓着神的權柄，當神擊打他們時，這判語仍是以「利劍」的形式襲來，**會對他們構成致命的壓力**。

【靈體戰爭】

邪靈要偏行己路，神就會追殺他們，以免他們強大的力量會危害到人類安全。不過

> 就是天使犯了罪，神也沒有寬容，曾把他們掉在地獄，交在黑暗坑中，等候審判。(彼得後書 2:4)

這種「追殺」，不是把他們「灰飛煙滅」，**而是要隔絕他們感知其他訊息的能力**，這樣他們就無法害人。

靈魂只要自己覺得自己存在，他就存在，所以本質上是不可能被「消滅」的，因此所謂「擊殺(Kill)」，**就是指「隔絕他們對其他事的感知能力」**。如何做到呢？在邪靈背叛初期，神在他們的記憶裏

仍有很深的權威，所以只要神把握這個時機，對他們嚴加斥責，就能使他們越發害怕神，這份記憶就會越來越強。由於人對事物的留心度是呈零和關係，當邪靈對神的聲音越來越敏感，**對其他事的感知就會越來越弱**，到最後，他們就會完全感知不到外界訊息，變成一件毫無反應的「死物」。這種使用話語作出的攻擊，稱為「**詛咒(Curse)**」。

詛咒就是罵人。其實罵人所產生的傷害，遠比傷害身體更大，這是常人所不察覺的(因此不要輕易罵小朋友)。**事實上，罵人所攻擊的是記憶**，只要對方不反駁，甚至順從，就會種下「被操控」的念結，當下次再被罵時，就會覺得這是理所當然的，只會更加順從。如果沒有別人鼓勵他反抗，**就會產生惡性的操控循環**，使被操控者在無邊的痛苦記憶中走不出來。

正如第二章所說，由於念結之間的影響力是呈「零和關係」的，當神斥責邪靈時，**撒旦就會運用他讚美的能力，不斷讚美同伴**，試圖分散他的注意力，去減低神施加的傷害。這種精神補給，稱為「**祝福(Bless)**」。

> **天使長米迦勒為摩西的屍首與魔鬼爭辯的時候，尚且不敢用毀謗的話罪責他。(猶大書 1:9)**

由於在屬靈爭戰中，雙方都會以「詛咒」和「祝福」去互相攻伐，因此精神世界的爭戰其實是一場「**爭辯(Debate)**」。

【擊殺】

靈界爭戰是一場爭辯，在爭辯過程中，神與一眾天使會與邪靈互相詛咒，由於在精神

> 故此，我使火從你中間發出燒滅你，使你在所有觀看的人眼前變為地上的爐灰。(以西結書 28:18)

世界裏，所有東西都是以「印象」的形式呈現的，所以這些詛咒會化為實際場景，包括「天火」、「冰雹」和「雷擊」等等，造成環境滿目瘡痍。撒旦一方會不斷用「讚美」、「激勵」、「鼓舞」等等治療己方的傷勢，掙斷纏住的鎖鍊。

但由於神始終擁有絕對權柄，因此當戰況持續，部份邪靈最終會被「擊殺」，無法感知外界的一切，失去與同伴的連結，成為毫無反應的死物。被「擊殺」的邪靈，會被囚禁在一些與外界隔絕的「頻道」中，裏面有各種削弱他們的訊息。有些最兇惡的邪靈會被完全隔絕，這些空無一物的頻道，稱為「無底坑(Bottomless pit)」，所

> 鬼就央求耶穌，不要吩咐他們到無底坑裏去。(路加福音 8:31)

謂「無底」，意思就是連接觸底部的機會也隔絕了，浮遊虛空中，要等候世界末日時才被釋放出來。

【撒旦國】

邪靈且戰且退，就會利用「激勵」去醫治己方，但時間一久，意志較弱的邪靈早就被擊殺了，較強的邪靈則負隅頑抗。由於他們早已不再認同神的價值觀，所以他們對天國的感知就會越來越弱。不過與此同時，由於

> 若撒但自相攻打紛爭，他就站立不住，必要滅亡。(馬可福音 3:26)

邪靈一直互相激勵，所以就共享了一套

全新的價值觀，建立起一個新的精神網絡，這個精神網路稱為「**撒旦的國(Kingdom of Satan)**」。

之所以會稱為「撒旦的國」，是因為它是由撒旦的能力「**驕傲**」所築成。由於邪靈要逃避神的追殺，拼命分散對神的注意力，**所以要強調「自己的想法才正確」**，從而否定神的斥責。例如神責備「死亡的靈」濫殺有機會回轉的人，死亡的靈就要列舉許多理由去否定被殺的人「有機會回轉」，這樣才能減弱神對自己的影響；由於他們必須把自己的看法放置在神之上，**所以「撒旦國」的核心價值就是「驕傲」**。

> 污鬼離了人身，就在無水之地過來過去，尋求安歇之處，卻尋不着。(馬太福音 12:43)

精神世界裏一切都是印象，所以撒旦的國是有形可見的，邪靈也會真真正正地感到自己居住在裏面。由於這個環境由驕傲構成，所以當邪靈留在裏面時，會更加驕傲，**所以神的斥責無疑會被過濾**。情況就像在一個國家，有一批亂臣賊子要叛變時，遭到國王的撲殺，死傷慘重；但後來餘黨逃上山寨，建立起簡陋的圍牆，就穩住了陣腳。話雖如此，但神始終是神，他的攻勢依然極其凌厲，因此撒旦國就會因神的狙擊而滿目瘡痍，所以它又稱為「**無水之地(Dry Place)**」。

邪靈既是苦苦支撐，**全軍覆沒也只是時間問題**；所以他們要找尋其他事情來分散自己的注意力，**就是「物質界的生物」**。

【動物】

事實上，撒旦沒可能不知道神的權柄是絕對的，他的戰敗終究是個必然，為甚麼仍要垂死掙扎呢？因為他的目標不是要「戰勝神」，而是要爭取空間來轉移到另一個頻道中。情況就好像電影《猛鬼街》(A Nightmare on Elm Street)，當人進入夢境世界後，就會被殺人狂 Freddy 追殺，如何逃走呢？方法就是轉換(Switch)到「清醒的頻度」裏，這樣上一個頻度裏發生的事都與他沾不上邊。(2)同樣，邪靈要逃離神的狙擊，就要轉換到另一個頻度中，好讓自己不用再面對他。

> 誰知道人的靈是往上升，獸的魂是下入地呢?(傳道書 3:21)

於是，邪靈就建立起撒旦國來緩衝，但這不過是他的第一步，第二步就是要找其他事來留心，以重建自己的念結。其中一個較有用的頻道，**就是「動物」，由於動物多多少少都能與靈界互動，所以就成了邪靈分散注意力的對象。**例如動物都會因預測地震而產生異常行為 (Seismic Animal Anomalous Behaviors，SAAB)，包括海獅、河馬、鼠、企鵝、麻雀、鵝、蛇、等等，(3)之所以能預測，是因為地震很多時都出於靈界爭戰，牠們多少都會感應到靈界的氣息流動。

當邪靈要操控牠們時，就會吩付牠們時，動物就會依言照辦，**這過程就可供邪靈稍稍轉移他的留心。**比如邪靈叫豬群向前走，牠就向前走，叫牠向後，牠也會向後，叫牠衝落海，牠就會衝落海，這些反應都可以叫邪靈留心。

> 凡地上的走獸和空中的飛鳥，都必驚恐、懼怕你們。(創世記 9:2)

但由於動物非常容易受操控，邪靈如何吩咐牠，牠就會如何做，沒有掙扎，沒有情緒，更沒有心理演變，極為索然乏味，換句話說，「所產生的訊息量太少」，無法把邪靈從「對神的留心」中完全轉移，所以「附身動物」，只能成為邪靈杯水車薪的緩兵之計。

【人類轉移計劃】

當邪靈被神攻擊，就暫且逃往了動物中，然而牠們發放的訊息量太少，無法把邪靈扯走，始

> 在後來的時候，必有人離棄真道，聽從那引誘人的邪靈和鬼魔的道理。(提摩太前書 4:1)

終不能成為長治久安之計。有見及此，**邪靈急須找一些會「發放更多訊息」的目標**，於是「人類」就成了上上之選，他們有恐懼、有憂愁、有憤怒、有憎恨，情緒相當複雜，**訊息亦相當豐富**，只要邪靈接收從人傳來的反應，**念結就能被重建**，足夠把自己從對神的留心中抽離。

由於邪靈計劃從人吸收訊息，所以他要建立起一套對人的「操控關係」，**邪靈就定時「進食」虐待他們的記憶，去重建自己的念結**；到最後，只要他們對人的記憶夠多，就能洗掉對神的記憶，在人心中永遠作王。於是，撒旦就啟動他一項空前絕後的大計：**就是在人心裏建立永恆的國度**。

第陸、

面對神的追殺，邪靈苦苦支撐，如果他們不思進取，就會被擊殺，所以他們四處尋找可讓自己分心的訊息，最後就找上了能釋放大量訊息的人類。只要在人心裏建立起王國，就可以永遠逃離神。

【兒子】

撒旦的理想國之所以能在人心建立，是因為神對人有着「死心眼(Unconditional)」的愛。所謂

> 所有的天使，神從來對那一個說說：「你是我的兒子，我今日生你」？(希伯來書 1:5)

「死心眼的愛」，是指無論遇到甚麼事，哪怕是人背叛、埋怨、甚至利用，神對人的愛始終不離不棄。這份愛背後，純粹基於神的決定，他選擇了去愛人，**既然愛他們就愛到底**，人這種被愛的身份，稱為「兒子(Son)」。

神既立人類為兒子，宇宙間所有安排都是為他們好，只要事關他們的福址，就萬事都有商量。如果邪靈有辦法住在人心裏，強力地操

> 我必醫治他們背道的病，甘心愛他們。(何西阿書 14:4)

控他們，**那麼神也會投鼠忌器**，暫緩對邪靈的追殺，以免趕狗入窮巷，就會拖着人

類跌落火坑。

情況就有如陳先生正在撲殺小混混 Tommy，Tommy 走投無路之際，就擄去陳先生的兒子，利用「斯德哥爾摩症候群」的技巧，(2)強烈地操控着他。於是陳先生為免殃及池魚，也會暫緩狙殺 Tommy。同樣道理，邪靈為了逃避神的追殺，**也務要逃進人心裏**。

【預定】

撒旦要走入人心，就要對世界歷史的運作原則有所了解。物質世界是神給人類生活的平台，但神並非要漫無目的地觀看人活動，而是要與人「相交(Interaction)」；建立一段「人信靠他，他就愛人」的關係。正因這段關係是神心裏的至高考慮，所以他要把人造成白紙一張，務要相處出於自願。

> 不要驚動、不要叫醒我所親愛的，等他自己情願。(雅歌 8:4)

這段關係既要真實，就不是一朝一夕，要等候人情願。雖然人猶豫不決，不知應不應該信靠神，但其實神一早已為人預備好一條路，只要人信靠他，**就會給予人極大的福份**，位及「一神之下、萬物之上」，這條預備好的路，稱為「**預定(Predestination)**」。

在預定中，人一開始只能局部認識神，然而只要保持對神的信心，一次又一次選擇依靠神，他就能一步步擴大對神的認識；在過程

> 預先所定下的人又召他們來；所召來的人又稱他們為義。(羅馬書 8:30)

中，**神會在那人心裏越來越巨大**，到最後大到一個地步，人會把神放在「高於一切」的位置，這樣人心就成了神的寶座。

人被預定得福的原理，就好像在角色扮演遊戲(Role playing game)中，只要主角走到某個地方，就會自動觸發劇情一樣。同樣，在神的安排裏，**只要人符合「信靠神(Faith in God)」這個得福之鍵，就會觸發預定的劇情，使人得福。**雖然每個人生下來的背景不同，有中國人、有猶太人、有歐美人，有貧有富，他們所面對的劇情細節未必絕對相同，但「信靠神成為兒子」的劇情，卻是一致地預定了的。

【伊甸園】

神預定了一段與人相愛的關係，關係的模式就是「神對人好，人就信靠神，這樣神就會對更人好，人就更加信靠神…」，週而復此，最後人就會完全信靠神。**這段關係有來有往，**好像打網球一樣，一個巴掌拍不響。

當神預定了一切後，就要正式「開波(Kickoff)」，先發球的是神，他首先向人(第一個人，名叫**亞當(Adam)**)證明自己

> 耶和華神使各樣的樹從地裏長出來，可以悅人的眼目，其上的果子好作食物。(創世記 2:9)

可靠，就給予他住在「伊甸園」的權利，給予他自動出產的食物，給他管理一切。

> 分別善惡樹上的果子，你不可吃，因為你吃的日子必定死。(創世記 2:17)

神發球後，人就要打回去。於是神立下一題，**要求人不去吃「分別善惡樹」的果子**，這是人進到下一階段必經的試煉，就好像網球必須打回去一樣，否則沒法子玩下去。在預定的劇情中，只要人做到，就能得到「祝福」，往後的關係就會扶搖直上。

由於這時神在人心裏已建立了一個可靠的形象，所以面對這個「初級」的試煉，人有足夠能力應付。事實上，這一球的難度不高，人應該能打得到，但結果人「打不到」，他始終是信不過神。

【試探】

由於神要鍛鍊人的信心，所以吩付人不能吃「分別善惡樹」的果子，本來人一直都能遵守，但直至有一天，撒旦附在一條蛇身上，誘惑人依靠自己，情勢就急轉直下。這次**撒旦仍是透過他天賦「讚美(Praising)」的能力試探人**，但今次他不是用在天使身上，而是用在人身上；**撒旦吹捧的是「人的智慧(Wisdom)」**。

> 蛇對女人說：「你們不一定死，因為神知道，你們吃的日子眼睛就明亮了，你們便如神能知道善惡。」(創世記 3:4-5)

本來，神無條件地供應人食物，又賜予人管理動物的權柄，所以神的印象是可靠的。但問題是，撒旦指出人吃果子後，就會「如神一樣知道善惡」，人的靈人就猛然變得「巨大」，相對來說，神就會「縮小」。於是，**人就會覺得自己比神更可靠**，不再信任神，就自把自為地吃了禁果。

吃禁果的問題，並不在於禁果本身，而是在於神已經表明「不准人吃」，人還是要吃，

> 因為世人都犯了罪，虧缺了神的榮耀。(羅馬書 3:23)

這就是「藐視神」，它背後的心態，就是「我的決定比你好」，所以人就會打從心底裏輕看神。由於人存在的目的是與神相交，所以當他輕看神，就會步向滅亡。這種由「違背神」以至「步向死亡」的過程，稱為「犯罪(Sinning)」。

【延場】

人不信任神，就好像在一場網球遊戲中，沒有把球打回去，任由它溜出橫邊界外，於是球就打不下去，關係就建立不了。問題是，整個世界都是為這段關係而設，人若一直不信神，**就不能觸發下一步「劇情」，世界就會漫無目的地運作下去。**情況就好比在一個角色扮演遊戲(Role playing game)中，明明主角要「進入城堡朝見皇帝」才能觸發下一步劇情，但偏偏主角一直在城外徘徊，不肯進入城堡，結果劇情不能觸發，就不斷「拖場(Delay)」；而拖場，正正是撒旦使人犯罪的主因。

神創造世界，是為了與人建立一段「理想關係」，在這段關係的最終章，神會成為人心目中「無所不能的父」，這情況是撒旦不願見到的，因為人心是他的理想居所，**如果讓神坐大，魔鬼就沒有立足之處**，所以他要使人離開神。

然而，撒旦雖能令人暫且失腳，**但只要人肯重新信靠神，神仍會接納他的**，結果歷史劇情還是會重啟。情況就好比遊戲的主角，雖然一時在地圖上漫遊，但只要那一刻他肯重新走進城堡，朝見國王，劇情還是會再次啟動的。所以，**撒旦必須使人心被無關痛癢的瑣事拘禁，那麼「信靠神」的劇情就永遠不能觸發。**

怎樣才能把人拘禁在無關痛癢的事內呢？原來是要靠「分別善惡樹的果子」，因為它有一個效果，就是**使人明亮眼睛。**

【分別善惡樹】

別善惡樹的果子被神賦予了能力，所以人吃了它，**眼睛就明亮起來。**問題是：人的眼睛明亮後，會帶來甚麼後果？

> 他們二人的眼睛就明亮了，才知道自己是赤身露體，便拿無花果樹的葉子，為自己編做裙子。(創世記 3:7)

人吃這果子之前，他連「自己赤身露體」也看不到，就有如幾千度近視一樣，在他的主觀畫面中就只能粗略分辨光暗，不能認清身邊的事物，所以「神的光」就變得非常顯眼，他的聲音就能獨大。正如對一個盲人來說，他無所依靠，會非常留心「身邊人」的提點一樣。

> 因為凡世界上的事，就像肉體的情慾，眼目的情慾，並今生的驕傲，都不是從父來的，乃是從世界來的。(約翰一書 2:16)

但當人的眼睛明亮後，情況就不同。本來人看不清四周事物，要靠神的指引生活；現在人能準確地測量出四周事物的「距離、特性、類別、和互動反應」等等，大大增加了「自己」的可靠性。他既能自行判別情勢，就不用「冒險」聽神的指示了，所以就會漸漸覺得神可有可無。

情況就好像遊戲的主角在城外徘徊，不去觸發預定的劇情，遊戲設計師本想藉着在城外兇惡的怪獸，逼人走進城內。但現在主角得到了奇力，克服了城外的兇險，漸漸穩定地生活，就失去了進城的意欲，於是就觸發不到「預定的劇情」。

【就這樣生活不行?】

人眼睛明亮後,自詡能自食其力,就不放神在眼內。但其實有一個很實際的問題,就是:**人既能靠自己生活,為甚麼一定要放神在眼內呢?**

人之所以要放神在眼內,是因為人所謂「靠自己」,**其實由始至終都是假象。**人

> **我們生活、動作、存留,都在乎他。(使徒行傳 17:28)**

所理解的「靠自己」,只不過是靠「一雙手、一雙眼、和身體的反應」,所做的亦不過是「找些食物,縫幾件衫」,但其實人生存所須遠遠不止這些,背後還要準確的溫度、PH 值、氧氣含量、生物鏈、氣候變化、外太空射線等等,它們都由神悉心維繫在精準的水平中,否則人早就活不下去。所以,人以為「自食其力」,**其實由始至終都是假象。**

情況就如遊戲的主角克服了城外兇惡的怪獸,留在那裏作威作福,但其實他之所以能在城外橫行無忌,**無非因為「遊戲設計師」沒有把太強的怪獸放下來,**不忍逼死了他。同樣,神不忍摧毀人,所以一直忍耐人的藐視,讓他們活在安穩裏。

但這顯然不是辦法,於是,神就把人趕出原來居住的「伊甸園(**The Garden of Eden**)」,期望他們明白自己不過是大世界的滄海一粟。

【放逐】

人自以為強大，神就要他們體驗自己軟弱，於是就使大地不再出產食物，要他們付出勞力耕種，又把人趕離有如仙境的伊甸園，流落米索不達美亞平原(Mesopotamia plain)一帶(3)。此外，還要與兇猛的野獸共處，**好讓他們體驗到自身的軟弱**。情況就好比那個「不肯進城的主角」，整天只在小花園打「弱小的怪獸」是沒意思的，就把他逐出花園外，要他面對大世界兇猛的怪獸。

> 你**必終身勞苦，才能從地裏得吃的。**(創世記 3:17)

> 耶和華神便打發他出伊甸園去，耕種他所自出之土。(創世記 3:23)

如果進展順利，**世界惡劣的環境就能約制人過份的自信，使人心裏有空間**讓神發揮。然而，撒旦也知道這計劃，所以有相應的對策。

【家族詛咒】

神把人放逐大地，這個人叫「**亞當(Adam)**」，他是神創造的第一個人。由於他有好一段時間與神深交，所以對神的大而可畏早就心裏有數；但同時，他又眼睛明亮，不斷有「靠自己」的試探，所以他的心同時有兩個面向，有一個「很高大的神」，也有一個「很高大的自己」，兩個人格爭奪主權。

人有怎樣的心，就會有怎樣的行為(4)。既然亞當心裏有兩種水火不容的人格，就會使他出現各走極端的表現：既有「依靠神」的一面，又有「靠自己」的一面。**事有湊巧，他兩個兒子又每人承繼了他的一面。**

> 亞伯是牧羊的，該隱是種地的。(創世記 4:2)

亞當把他「對神的敬畏(Fear God)」傳了給小兒子「亞伯(Abel)」。亞伯是個牧羊人，不過當時的人尚未開始吃肉(5)，肉類是幾百年後才成為食物的，因此當時羊唯一的作用就是「造衣」。

> 耶和華神為亞當和他妻子用皮子做衣服，給他們穿。(創世記 3:21)

亞伯之所以會成為造衣人，是因為亞當被神逐出伊甸園後，不能再見神的面，那時神唯一留給亞當的，就是一件「皮衣」。對於他們一家來說，這皮衣是聖物，也是一份思念，使他無法不受有關皮衣的一切吸引。例如，皮衣由動物皮毛造成，所以每當他看見「牛羊」，就會想起神；這份難以自己、又揮之不去的思念，使亞伯後來做了牧羊人。

亞伯對神這份「不合情理的思念」，擁有深厚的情意，它就好比把「神的球」從橫邊界外拾起來打回去一樣；神被這份厚意感動，很喜悅這個小子，所以要去愛他。

亞伯之所以會如此依戀神，是因為受了亞當「敬虔的一面」影響，因為家長對孩子有一種「先天塑造權」，這塑造權是基於「最先接觸的機會」而有的。當小朋友初生時，甚麼記憶都未有，無法解讀出外界訊息，外界對他來說，只是一些雜訊；唯一能引起他興趣的，就是「進食、排洩」等生理須要。所以，當父母透過「餵食、擁抱」等行為接觸他們時，就能獲得他們的心，從而擁有教導權。由於這時小朋友仍是白紙一張，沒有其他記憶參考，所以父母說甚麼，小朋友就信甚麼，以後他就用這套準則去看其他事物。

亞當把他「依靠神」的一面傳給了亞伯，卻把「依靠自己」的一面傳了給大兒子「該隱(Cain)」。該隱作為大兒子，要肩負起家庭責任，所以當「面對土地不再出產」的問題時，**他就努力鑽研謀生之道，結果就造成了他深深地靠自己**。

由於亞當是個農夫，所以該隱跟隨他成為了農夫。(6)當時，人都不吃肉，蔬菜是唯一的食物，(7)所以該隱當農夫，**所指的就是要保障食物的生產線**。正正是因為對未知的恐懼支配着他，所以該隱日後完完全全地離開神。這種父母對小朋友的負面影響，稱為「**家族詛咒 (Family Curse)**」。

【該隱】

當「依靠自己」的習性傳了給該隱。隨着該隱長大，他越來越「靠自己」，所以他投身種菜，**追求穩定的食物供應**。當他仍與父親同住時，還受他管轄，所以這種性格還未有甚麼大影響；**但當他後來獨立後**，「靠自己」的信念就如病毒外洩一樣，大規模入侵了世界。

話說亞伯對神念念不忘，神體察這份情意，特別寵愛他，就引來該隱妒忌，甚至最後活生生打死了他。事實上，亞伯

> 該隱與他兄弟亞伯的說話，二人正在田間，該隱起來打他兄弟亞伯，把他殺了。(創世記 4:8)

能早日回到天國正是好得無比，不過神為了教導該隱，**就把他趕到一個「看不見神」的地方**。

> 「你如今趕逐我離開這地，以致不見你面。我必流離飄蕩在地上，凡遇見我的必殺我。」耶和華對他說：「凡殺該隱的，必遭報七倍。」耶和華就給該隱立一個記號，免得人遇見他就殺他。（創世記 4:14-15）

事實上，世上並沒有一個地方是「看不見神」的，地點與能不能見神完全無關，神的意思是「該隱不能再感知他」。當人活在萬物欣欣向榮的大自然美景中，自然容易感受到造物主，但現在神要斷絕該隱這些恩澤，**不再祝福他**，所以該隱就會感受不到神。

撤去了對該隱的保護，**讓他落入困境，**所以該隱就向神申訴自己的苦況，要求他不要做得太絕。神心慈，就為該隱立個印記，保證他不會遭殺害。之所以要為他留下一線生機，是要給他機會悔改，**希望他體驗到「沒有神真的活不下去啊」**，可惜到最後，困境仍然不能叫該隱依靠神，反而使他走向極端。

當該隱去到新地方，初到貴境，他最要緊的還是「求保障」，所以他第一件事就是要「築城」，**建立一個長治久安的基地，**讓他不受毒蛇猛獸和氣候變化的

> 該隱與妻子同房，他妻子就懷孕，生了以諾。該隱建造了一座城，就按着他兒子的名，將那城叫作以諾。（創世記 4:17）

侵擾；其次就是「生育」，要增加生產力克服大自然；最後，他以兒子的名字為城市「命名」，來增加統治者的威信。

該隱一連串的反應，都反映出他「靠自己」的心態絲毫沒有動搖，即使面對困境，**他仍然不去尋求神，**把恐懼寄託在掙扎上，最後就越走越遠。

【世界】

該隱堅持「靠自己」才是王道，就做出了許多「靠自己」的行徑；這些作為的痕跡，會刻印在世上，成為傳遞「靠自己」訊息的媒介。最後，這些媒介就會把訊息如病毒般散播。

> 亞大生雅八，雅八就是住帳棚、牧養牲畜之人的祖師。雅八的兄弟名叫猶八，他是一切彈琴吹簫之人的祖師。洗拉又生了土八該隱，他是打造各樣銅鐵利器的。(創世記 4:20-22)

該隱留在世上「靠自己」最深的痕跡，**就是他建立的城市**。當人看見這座城市，就會問「這座城是甚麼？」，人就會答「這座城是人興建的」，當一座宏偉的人造建築物矗立在大自然中，就成為了一個「戰勝大自然」的標誌，**提醒人「可以靠自己」**，於是人們就會被種下一個靠自己的念結，以這方向**解讀**事物。比如一個受「農作物失收」困擾的農夫，有了這座城的視覺記憶後，就會想「既然人連這座城也能建立起來，怎會連區區困難都克服不了？」**於是它就會成為了人安全感的來源**，不去靠神，反而依靠自己。

更重要的是，**這座城不會是該隱唯一「靠自己」的痕跡**，時間一久，他就會為生存而去「生產泥耙、建儲水池、和記錄天文曆法」等，這些器物都會把「靠自己」的想法刻劃下來，**然後透過視覺傳遞給**看見的人。

事實上，該隱「靠自己」的信念，經過幾代後，已經發展成「織帳棚」、「製造樂器」、和「冶煉」等技術，由此而生產的帳幕、鼓瑟、兵器、和農具等等的器物，已經遍滿這個城市，甚至交易到其他民族。因此這堆器物所載「靠自己」的訊息，很快就舖天蓋地，久而久之，**整個社會都會自然地靠自己**，成了一種「**靠自己的文化 (Culture of self dependent)**」。

這就如罪是從一人入了世界，死又是從罪來的，於是死就臨到眾人，因為眾人都犯了罪。(羅馬書 5:12)

於是，「靠自己」的病毒就全面入侵世界，世上的人無一不受它感染，這種情況稱為「原罪(Original Sin)」。

第
柒、

> 「魔鬼為了陷害我們起見，往往故意向我们说真话，在小事情上取得我们的信任，然後我們在重要的關頭便會墮入他的圈套。」——莎士比亞(William Shakespeare)(1)

　　該隱離開神後，就在世上留下許多「靠自己」的痕跡，包括刀劍、樂器、農具、和建築等等，這些東西都裝載着「靠自己」的訊息，使凡接觸的人都產生「靠自己」的記憶。久而久之，「靠自己」的病毒就會傳播，它的影響範圍越來越廣，甚至最後支配了整個世界。

【依靠自己】

當人犯罪後，神就會離開他，**此舉本來是為讓人意識到「沒有神不行」**；但當人執意要依靠自己，就會在掙扎求存中造出不同工具、建設、和制度，這些器物殘留在世上，「靠自己」的訊息就會**透過它們傳播**。

全世界都臥在那惡者手下。(約翰一書 5:19)　　由於人一出世就必須順服權威，長大後又必須使用器具，**因此每個人出生至死亡之間「一連串的必須」**，就會把人塑造成「靠自己」的人，**這種信念會成為他日後「解讀事物的基礎」**，凡不合符這基礎的東西，都會被拒諸門

外，於是人都會變成了運載「靠自己」病毒的病原體，「原罪」就得以在世界肆虐。

歷史上，也會偶有神特派的使者呼籲人悔改，**但由於人歸向神，始終要順服某些神訂下「不解的規則」**，所以人類現在既能憑眼睛看清一切，就倒不如相信自己了。例如神叫人「安息日要休息」(2)，這樣他就賜福安息人，但在人看來這是「停工一天」，賺少一天錢，跟甩了市場一天，所以守安息日有冒險性，就倒不如把它拋諸腦後。

當人「靠自己」的情況持續，世上的器物、工藝、建設、制度、語言、學術、和許多屬血氣的人，就會交織成一部龐大的文化機器，**凡住在上面的人，都要接納先存的「靠自己」想法，才有起碼的活動能力。**例如，一個人生下來，他本無任何想法，但他既被父母控制着食物的來源，就須要聽從他們；就算不聽從父母，也要聽從學校；就算連學校都不聽從，他始終要吃飯，也逃不過職場的文化，當父母、學校、職場都早被「依靠自己」的想法支配時，**人就很難不被原罪感染。**

這部「把人塑造成靠自己」的巨型文化機器，，稱為「**世界(The World)**」。

【傷害】

世界統治了人先存的價值觀，所以人就會覺得「靠自己」是理所當然的，既是這樣，人人都會以為只要咬緊牙根，就能人定勝天。**但其實這由始至終都是幻想**，因為若不是神安頓了世間背後 99%的因素(甚至 100%因素)，鎮住天災，控制住環境，阻隔了人不能抵受的病毒，用想法託住一切，**人就連活動的條件也沒有。**

> 你豈不是四面圈上籬笆圍護他和他的家，並他一切所有的嗎?(約伯記 1:10)

由於所謂「人的力量」只是假象，**所以神只要稍為撤去他對人的保護**，人就要面對許多地震、疾病、饑荒、極端氣候、戰爭、毆打、爭執、欺騙、背叛、缺乏、忙碌、欺凌、和性侵犯，神之所以要這樣做，是為了**讓人反思自己是否這麼可靠。**

> 我就看明神一切的作為，知道人查不出日光之下所做的事；任憑他費多少力尋查，都查不出來，就是智慧人雖想知道，也是查不出來。(傳道書 8:17)

對於這些傷害，人很多時都會問天：「我做錯甚麼？」但其實人不可能理解每個個別的傷害出於甚麼，這是神按着人的理解力刻意劃定的界線，要看看誰會信靠他，而不是靠計算。某程度上，神為了俯就人的理解力，也會讓人所受的傷害與他胡作非為的程度成正比，但即使如此，**神也會把好一部份的道德賬留待末日時才一次結清，以免人計算功德多過依靠他。**

要是人所受的傷害過大，就會對一切絕望，所以神會在這個臨界前住手，但在未達到這個程度之前，傷害還有一個臨界，能使人覺得「既然要面對這麼多災難，自己就不是那麼可靠」，於是就會產生一種「不能再靠自己」的恐懼，這股恐懼會產生一份改變的壓力，引致兩個可能出現的面向。

> 神是信實的，必不叫你們受試探過於所能受的。（哥林多前書 10:13）

第一個可能出現的面向：有些人會「破碎自己」，向神投降，呼求他的拯救，那麼神就會得着這個人。但第二個面向：有些人會「寧死不屈」，他們會為了消化傷害所帶來的壓力，把苦難的解決辦法歸究於「下次小心點」，這種想法就會成為當事人的「執念」，這股執念，正正就是邪靈入侵他的通道。

【執念】

傷害，原是為了引導人呼求神而設的，但有些人心裏剛硬，堅持相信「靠自己」就有明天，所以唯有把問題歸究於執行上的瑕疵，而不是「靠自己」這信念本身有問題。他越是不肯對「靠自己」放手，就越是要把問題歸究於「執行上的瑕疵」，這想法會孕育出一股「對修正的執念」。這個「執念(Lust)，聖經譯作私欲」，會引來邪靈的入侵。

> 我便任憑他們心裏剛硬，隨自己的計謀而行。（詩篇 81:12）

> 私慾既懷了胎，就生出罪來。（雅各書 1:15）

例如李先生是個捕快，他看見山賊為患，奸淫擄掠無所不為，就產生一個疑竇：「為甚麼會發生這種事呢？」，他若不對此作出解釋，就寢食難安，沒有勇氣

再活下去。姑勿論他最後歸究於甚麼，**但其實真正原因只有一個，就是神撤了保護，如果神肯出手一定萬事無憂。**然而，李先生早被世界洗腦，連神都不認識，自然想不出來，**但他不容許自己想不出來，硬是要靠自己，**於是只好勉強去解釋這個現象，就歸究於一個最合乎經驗的推論「沒有殺死山賊」。當他相信了「沒有殺死山賊」是問題結瘤，就會種下了一個念結，去留心一切有關「殺戮」的訊息，讓自己受它影響。

這種因為「執念」而產生的念結，有些神學派別會稱為「破口 (Breach)」(3)。

【屬血氣】

人受了傷害，就會產生兩個可能：他肯尋求神，就會進入「醫治(Healing)」，最後更加依靠神；但如果他不尋求神，就會被「再次受傷」的恐懼籠罩，**他唯一可以做的，就是**勉強找出一些「修正案」。由於這些「修正案」成了他安全感的寄託，就會令他產生一股「非這樣修正不可的執念」，來填補他的不安，於是邪靈就得以利用它來支配那人。

> 凡事我都可行，但無論那一件，我總不受它的轄制。(哥林多前書 6:12)

人把甚麼視為解決問題的靈丹妙藥，就會造成甚麼執念；造成甚麼執念，**就會招致甚麼邪靈。**例如面對山賊呈凶，人偏執於「殺戮」，就會招致「死亡的靈」；人在公司被孤立，想變得於「八面玲瓏」，就會引來「淫亂的靈」；人被岳母小看，急於「出人頭地」，就會引來「嫉妒的靈」。

102

人被傷害得越深，他對「重蹈覆轍」的恐懼就越大，恐懼越大，對「修正」的執念就越強，**執念越強，就越會招引這類邪靈。**例如

> 然而，屬血氣的人不領會神聖靈的事，反倒以為愚拙。(哥林多前書 2:14)

李先生目睹山賊懲兇後屍橫遍地的慘況，這造成了一個深刻的烙印，使他經歷了一段漫長的抑鬱，好不容易才站起來。**為免再有千份之一的機會再經歷這事**，他就變得執着，於是日以繼夜籌劃血洗賊窩，以平衡他內心的恐懼，就產生了許多「殺戮」的念結。正因為他日思夜想都是殺戮，所以就會對「死亡的靈」大開心門。

這種受執念支配的人，稱為「**屬血氣(Natural)**」的人。

【邀請】

人偏執於某種信念，就會產生它的念結，以致特別留心該類訊息，於是邪靈就能透過發放「這類訊息」來支配他，這就稱為「**試探(Temptation)**」。

> 不叫我們遇見試探，救我們脫離兇惡。(馬太福音 6:13)

例如李先生是捕快，他覺得必須把山賊殺光，產生了許多「殺戮」的念結。當他再把山賊捉住時，本應送官究治，但由於「死亡的靈」知道他熱忱殺戮，為了激動他，就使大量溪錢在他面前飄過。由於李先生殺戮的念結很重，容易聯想到殺戮，**這堆溪錢就使他解讀為**「殺戮」，於是受了刺激，就把山賊就地正法。

> 但各人被試探，乃是被自己的私慾牽引、誘惑的。(雅各書 1:14)

由於李先生相信「殺戮」能解決問題，所以當他「殺戮」後，內心的不安會稍

稍被撫平，**這種快感會儲存在他的記憶內**，作為他以後解讀事情的參照，日後他將會更受「殺戮」吸引，成為一個惡性循環。

【擴闊】

壹個人犯罪後，會產生快感，快感的記憶會叫他更受這種罪吸引，渴望再試一次，**這股欲望會使他急於尋找犯罪的機會**，上次刺激他的東西就會被沾染，成為帶有犯罪色彩的東西。更甚的是，這件東西的形狀、種類、顏色等等，都會成為他的念結，使凡帶有這類形狀、種類、顏色的東西，都與犯罪沾上關係，**造成一種橫向的「沾染作用」**。

> 有些人你們要存懼怕的心憐憫他們，連那被情慾沾染的衣服也當厭惡。(猶大書 1:23)

例如，原本李先生只在看到「溪錢」時，才會聯想起「殺戮」，但他犯罪後，連銀紙、A4 紙、廁紙、報紙，都多多少少能激起他殺戮的聯想，**於是他殺戮的胃口就被擴闊了**。

犯罪的胃口之所以會被擴濶，是因為人受到「犯罪的快感」吸引，這快感就成了擴濶的原動力。為甚麼犯罪會產生快感呢？**因為人根本不覺得這犯了罪**。當初人之所以會受試探，是因為他覺得這是解決問題的妙法，**所以「試探」往往會以美侖美奐的形象出現**。例如李先生既然認為「殺戮」能解決山賊問題，他就不會覺得自己有多殘酷，相反只會覺得自己在「替天行道」，自我感覺一定良好。

正因為人對「犯罪」的感覺良好，這份記憶會使他再找犯罪的機會，於是，有關東西的形狀、種類、顏色等等，都會成為他尋找犯罪機

會的線索。例如李先生渴望「殺山賊」，那麼「殺土豪」、「殺劫匪」、「殺毒犯」、甚至「殺小偷」也能算是替天行道了，所以當遇上這些人，也會勾起他的殺機。當李先生不斷沉迷殺戮，念結就會不斷增加，**以致許多原本正常的東西，都會被殺戮的色彩扭曲**，從山賊到劫匪、劫匪到屠夫、屠夫到肉販、肉販到菜販等等，他都想殺。

沾染作用最常見的表現，就是「戀物癖(**Sexual fetishism**)」。開始時，事主只會對對象本身感興趣，但當他對她的慾望過大，卻因現實條件問題無法滿足，就會為了便利之故，摘取對方身上的特徵來作為感情的寄託，例如對方穿著的衣物、使用過的物品、或者相片。當這種感覺在死物身上滿足了，就會對它產生畸戀。

【鎖鏈】

當人不斷屈服於試探，就會越來越受它吸引，以致沾染不斷擴大，日常許多東西，都會使他聯想，

> 若我去做所不願意做的，就不是我做的，乃是住在我裡頭的罪做的。(羅馬書 7:20)

衝動無法停下，腦袋也無法停下來。久而久之，他身體就會過勞，出現「頭痛、精神不震、幻覺」等癥狀，**最後身體就會發出「停止」的訊息**。然而，身體雖然叫停，但他的念結依然使他欲罷不能，久而久之，就會產生「我仍能控制這身體嗎」的疑問，這個疑問會使他漸漸否定對身體的掌控權，這種現象稱為「**捆綁(Bondage)**」。

例如，李先生殺得人多，自詡掌握蒼生的生殺大權，自然享受殺人。但他弒殺成狂，種下的念結太多，**以致無論他日常生活看到甚麼**，

都會勾起他的殺機，**身體就會嚴重過勞**。於是，「殺人」這件事對他來說就會從樂趣變成苦差，這欲望**就成了「鎖鏈」**。每當又有事物勾起他的殺機時，他不得不去做，他就會感到一道鎖鏈飛過來，鎖住他的靈人，控制着他去殺人。

這些操控他外力從向而來？由於那人不認識靈界，所以他不知道，但其實操縱他的正正是「邪靈」。

【鬼附】

當人的捆綁越來越大，就會不由自主地犯罪，**他對身體的操控感就會越來越弱**，漸漸地，他就會覺得自己失去了身體的操控權。**由於他相信了「不能控制身體」**，所以每當被引誘時，就會任由擺佈，叫他做甚麼就做甚麼，在精神世界裏成了一個扯線木偶。

> 鬼屢次把他扔在火裏、水裏，要滅他。你若能做甚麼，求你憐憫我們，幫助我們！(馬可福音 9:22)

是誰在強制他活動呢？**其實是邪靈**。由於邪靈原是天使，被賦予了掌握屬性的能力，當邪靈得知某人有某個執念後，就會使他「遇上一些事情」，來引誘他犯罪；這些事情並非偶然，**而是由邪靈刻意引發的**。

例如李先生受「殺戮」支配，「死亡的靈」就會判斷搞些甚麼才能激發他殺人的意欲，比如他覺得「把溪錢吹過來」就可以，於是他就會指示「掌管風的邪靈」去執行。

對於「死亡的靈」來說，「使殺戮發生」是神授予他的能力，**就有**如呼吸那麼容易，只差在那人有沒有這個念結去接收他的試探而已。當他面對滿身「殺戮」念結的殺人狂，**操控他就**如扯線木偶般容易，人這種被邪靈操控

> 因我們並不是與屬血氣的爭戰，乃是與那些執政的、掌權的、管轄這幽暗世界的，以及天空屬靈氣的惡魔爭戰。(以弗所書 6:12)

身體的情況，稱為「鬼附(**Possessed**)」。

【鬼附的形式】

由於人類對身體的感覺太強，靈感相對遲鈍，所以即使邪靈向人直接說話，人也極難感應，因此他

> 神使惡魔降在亞比米勒和示劍人中間，示劍人就以詭詐待亞比米勒。(士師記 9:23)

們只能透過「借物傳信」的形式操控人。例如李先生弒殺成性，死亡的靈就會「使溪錢在他面前飛過」，刺激他殺人。

從李先生的主觀看來，由於他接受了自己「無法操控身體」一事，所以他會覺得殺人的不是自己，而是受一股外力拉扯殺人。但由於他始終都沒有「靈體」的概念，**所以邪靈的試探只會化為一道「活鎖鏈」**，鎖鏈背後不會有靈體手握着，始終他未認識靈界，就不能無中生有地看見靈體。

對於一般人來說，即使他已經被鬼附了，**他也未必會知道自己是被鬼附着的**，只會感到自己很不妥，常常失控地做一些明明不願意做的事。例如失控打毆打太太，失控地洗手，失控地檢查門窗等等，通常都會誤以為是病理問題。**除非他本身對靈體有認識**，才可以看見那邪靈。

【神祇】

早在一開始，**由於神不想人把天使當成偶像**，所以沒有給他們肉身，人就無法用肉眼看見他們。邪靈若要跨越這道障礙，就要在人的

> 他行耶和華眼中看為惡的事,效法他父瑪拿西所行的,祭祀事奉他父瑪拿西所雕刻的偶像。(歷代志下 33:22)

心裏種下一些「身份」，以便透過這些身份作出更精準的操控，吸取人更多的受虐信息。這些邪靈使用的身份，稱為「神祇(gods)」。

神祇為甚麼會產生呢？當世界受到「原罪」大規模感染後，世人就變得更為「依靠自己」，於是神為了使人回轉，**就不得不讓災難的級數上升**，包括降下洪水、地震、飢荒、颱風、大旱、煌災、戰爭、和瘟疫等等，好讓人意識到人力不能回天。由於人力確實渺小，以致人根本無法相信「自己的力量對天災有甚麼作為」；所以邪靈就借此機會，建立起一些神祇，**讓人的操控感在「超自然的層次」有了着落**。

比如邪靈藉着民間傳說，在農夫的行業間造了一個「雨神」，後來暴雨連場，農作物失收，由於事關大自然，農夫就不得不承認無能為力，再無法再以「小心些」、「聰明些」、或「勇敢些」去解釋。

然而,他們還有一個精神上的「救生圈」,**就是神祇**,因為在農夫看來,他們還不能肯定神祇是無用的,說不定祂能管理風雨呢?所以始終會記掛心頭,**就會造成一個「念結」**。由於他已經無所依靠,如果他還堅持要靠自己,**就唯有把執念投放在「拜祭」身上,作為**他控制天災的「方法」。

事實上,「拜偶像」的真正意義並不是「向外求救」,而是一種變相的「**靠自己**」,神祇之所以能融入「靠自己」的系統中,**無非**因為它能被人以「拜祭」的方式操控,成為他左右天氣的工具而已。

【各式神祇】

苦難若過份巨大,人就會拿神祇來成為自己的「力量增幅器」,但由於每個人的背景不同,「**靠自己**」的傾向都有分別:有些人認定強壯好,有些人喜歡扮弱者,有些人愛聯群結黨,所以不是每種神祇都適合每類型的人。例如李先生認為「殺戮」能夠解決問題,所以做過大將軍的「關雲長」就適合他;但李女士擅於媚惑,一個有慈母形象的「觀音」就更能應付她須要;王老板卻覺得「笑裏藏刀」才是王道,所以他選擇了似笑非笑的如來佛祖。

所以,邪靈為了迎合世人各種口味,**就製造了各種別具特式的神祇**,供各類人仕選擇,它們包括:

屬性	神祇
慈愛	觀音、聖母瑪利亞
功用	黃大仙、文昌、天后
戰爭	關雲長、阿修羅
技巧	魯班、華光
毀滅	奧丁、黑白無常
輕視	佛陀、老子
生產	亞波羅、女媧
美麗	雅典娜、維納斯
力量	索爾、吸血鬼、齊天大聖

【製造神祇】

天地間從來沒有真正的神祇，**所有神祇都是由邪靈造出來的**，他們透過各種媒介，**包括雕像、怪聲、歷史人物、聖物、甚至傳說等等**，使人相信有這麼一個超自然的活物存在，例如靈體、精靈、神祇、超人類等等。只要人肯相信，**邪靈就能透過冒認它們去操控人**。

邪靈會使用甚麼媒介去製造超自然生物呢？通常有幾種：

「**雕像(Figure)**」：這是最典型的媒介，**透過製造神祇的雕像**，讓人相信雕像背後有個神明，能與人超自然地溝通。例如關公、觀音、黃大仙、天后、招財貓、亞波羅、雅典娜、雷神索爾、歷代聖徒，甚至是天使，都能透過雕像把它們製造出來。

「**傳說(Legend)**」：很多時，神祇不一定要有個雕像才能造出來，只要製造言之鑿鑿的傳說，同樣能令人相信有超自然活物游走世間。這類偶像，通常都是帶有負面色彩的惡靈，以致人們才不便為它豎立雕像，例如黑白無常、樹精、尼斯湖水怪、人魚、床邊婆婆、吸血鬼、人狼、奇風異俗、鬼故、都市傳說、小說、漫畫、新興宗教、Deep Web、黑色星期五等等。

「**已死的人(People passed away)**」：利用人掛念去世親友的心態，使他們相信已死的人仍能徘徊世上，與人溝通。例如：輪迴轉世、神主牌、燒衣紙、問米、借屍還魂現象等等。

「**聖物(Relic)**」：**藉着讓人相信有靈體附在聖物內，會與被揀選者**溝通，例如：符咒、念珠、水晶、聖火、聖衣、寶劍、玉石、石碑、星體、古董、畫像、古書、秘笈、雨傘、門牌等等。

「**神功(Magic)**」：藉着修練秘法，使人相信可以與「**神秘的能量**」或「**指導靈**」溝通，例如：招靈、氣功、太極、密宗、超覺靜座、風水、養鬼仔、降頭、占卜、塔羅牌、瑜伽、算命、扶帖、通勝、碟仙、茅山、神打、式神、忍術、降靈術、Tulpa、魔法、巫術、圖騰、特異功能等等。

「**超人類(Super-human)**」：藉着使人相信世上還有未知的生物，或超常的能力，能與人心靈直接感應。例如外星人、麥田圈(Crop circle)、未來人、超能力者、特異功能、異次元生物等等。

「宗教(Religion)」：藉着把神的觀念歪曲，造成假神的形象，例如摩門教的「基督」、東方閃電的女基督、印度教的梵天、佛教的釋迦牟尼等等。

「直接交易(Trade with Devil)」：有些人本來就認識屬靈世界的本質，他們為了短暫的利益，選擇直接把靈魂賣給魔鬼，以交換一些能力。例如鍊金術、共濟會、光明會、撒旦教等等。

「主觀幻想(illusion)」：此外，任何被人認為「**能走進人心的活物**」，都能成為邪靈的替身。例如有個女孩子常常對家中的洋娃娃說話，久而久之就相信了它有生命，於是邪靈也能用洋娃娃的身份操控這個小朋友。

類型	例子
雕像	關公、觀音、黃大仙、天后、招財貓、亞波羅、雅典娜、雷神索爾、歷代聖徒，天使
傳說	黑白無常、樹精、尼斯湖水怪、人魚、床邊婆婆、吸血鬼、人狼、奇風異俗、鬼故、都市傳說、小說、漫畫、新興宗教、Deep Web、黑色星期五
已死的人	輪迴轉世、神主牌、燒衣紙、問米、借屍還魂
聖物	符咒、念珠、水晶、聖火、聖衣、寶劍、玉石、石碑、星體、古董、畫像、古書、秘笈、雨傘、門牌
神功	招靈、氣功、太極、密宗、超覺靜座、風水、養鬼仔、降頭、占卜、塔羅牌、瑜伽、算命、扶帖、通勝、碟仙、茅山、神打、式神、忍術、降靈術、Tulpa、魔法、巫術、圖騰、特異功能
超人類	外星人、麥田圈、未來的人、超能力者、異次元生物
宗教	摩門教的「基督」、東方閃電的女基督、印度教的梵天、佛教的釋迦牟尼
直接交易	鍊金術、共濟會、光明會、撒旦教

【認證】

邪靈在世上設立了眾多神祇，**當人面對無法承受的困難時，就會投向它們。**問題是，即使人相信神祇是活物，但在人心目中，「黃大仙」就是「黃大仙」，「邪靈」就是「邪靈」，**邪靈如何能假扮成「神祇」呢？**這是因為人看所有事物都有獨特的記認，只要邪靈透過「人對神祇的記認」接觸人，就能冒認成神祇了。

113

> 我們從今以後，不憑着外貌認
> 人了。(哥林多後書 5:16)

邪靈之所以能以「神祇」的身份行事，是因為人認其他人，是靠一些「特徵」去認的。例如李先生單靠「外型」去辨認王先生，那麼只要有人完全擁有這個「外型」，縱使裏面的性格完全不同，他也能假扮成王先生，因為這是李先生主觀的辨認準則。

由於人無法看見神祇，**所以人對它們的辨認準則往往更模糊，邪靈要偽冒它們更是手到拿來。**比如在民間傳說中，「關雲長」是「殺手的守護神」，所以李先生就主觀地覺得「關雲長會叫自己去殺人」，「叫他殺人」就成了關雲長的身份認證。當邪靈使溪錢飛過，刺激他去殺人時，**他就會主觀地認為這是「關雲長在說話」。**

每當李先生收到「殺人的訊息」，就會當成關雲長說話。**只要邪靈透過「殺人」這認證，就能假扮成關雲長，與李先生直接溝通了。**

【靈感】

當人產生了對神祇的認證後，邪靈就能透過這認證以「神祇的身份」說話。在人的主觀而言，神祇是直接說話的，**但其實邪靈只是「借物傳信」而已。**比如李先生有了「關雲長」的認證，邪靈就讓他看到溪錢橫飛，刺激他殺人，此時李先生的心底會「聽見」關雲長向他說話；**但其實邪靈沒有說話，他只是在灑溪錢罷了。**

為甚麼邪靈不直接向人說話呢？由於**人長期都被身體的訊息霸佔，**令邪靈難以透過「心靈感應」傳訊，所以邪靈向人發出的意念是極

難感知的。除非那人對身體的掌控感很弱,例如人發夢的時候、昏迷的時候,或者被犯罪捆綁得很深的人,和刻意操練過忽略身體感覺的僧侶、靈媒、和宗教人仕,及一些天賦異稟的通靈者,都有大大小小的機會收到靈界的訊息。這種接駁靈界的能力,稱為「**靈感 (Inspiration)**」。

【邪靈的數目】

人認定了某類訊息來自「神祇」後,就會把這類訊息當成是它的話;正因如此,不論那一個邪靈,只要透過這個認證,其實都能冒認神祇。

例如李先生認定了「叫他殺人的就是關雲長」,所以當他看見溪錢飛過,就認定是關雲長說話,但事實上叫溪錢飛過的,有可能是「死亡的靈」,有可能是「暴力的靈」,也有可能是「掌管風的靈」,不一定是某個特定的邪靈,所以在「一個關雲長」裏面,其實有很多個邪靈「居住」。

因此,就算「死亡的靈」比其他人更懂得扮成「關雲長」,也不是因為他擁有指紋級的認證,**而是因為他比人更能知悉「對李先生來說,甚麼行為才能勾起他殺人的衝動」**,所以他才比其他人更能冒認「關雲長」。事實上,由於邪靈以「分工合作」形式活動,所以「關雲長」的結構就彷似一部「多名機師合力駕駛的機械人」一樣,有人負責指揮,有人負責統籌,有人負責執行,**然後一同駕駛這部「關雲長」。**

> 耶穌問他說:「你名叫甚麼?」回答說:「我名叫羣,因為我們多的緣故。」(馬可福音 5:9)

所以，**不是指定的靈才能用關雲長的身份**，其實張三李四都可以，因為李先生對關雲長的認證，只不過是一類「行為」，誰都可以冒認。

【認識】

我們對事物的印象會隨年日改變，**對人的印象也一樣**。例如李先生初初認識他太太時，覺得她溫文爾雅，但當結婚生孩子後，就變成了一頭老虎(Tiger)，然而在李先生來說，她仍是同一個人。同樣，人對「神祇」的印象，**也會隨經歷不斷更新**，它的定義也會不斷變化，這種情況稱為「**認識(Know)**」。

例如，李先生最初只認為「關雲長」是個殺人如麻的「將軍」，但有次它指導李先生如何用「來幅槍」殺人，它就在他心目中成了「神槍手」。後來，由於李先生不知道往那裏買槍，所以關雲長就指引他往黑市買，於是關雲長又成了「軍火商人」。但李先生不夠錢買，於是關雲長就教他炒股票賺錢，在李先生心目中，關雲長就成了「股壇狙擊手」。

在過程中，李先生心目中「關雲長」的定義一直在變化，從開始時一個「化着京劇妝的將軍」，到最後成了一個「穿冧巴背心的股壇狙擊手」，他對「關雲長」的認證一直在擴闊。正因為認證不斷擴闊，**所以邪靈就能用「關雲長」的身份使李先生做更多事**，由最初只能叫他「殺人」，但後來已能叫他「走私軍火」和「炒股票」了。

【合一】

人越是深入「認識」邪靈，**就越會沾染出其他方面的執念。**例如，李先生起初認識的「關雲長」，只會叫他「殺人」，但後來認識深了，就會介紹他「走私軍火」和「炒股票」，於是李先生就陷入了「炒股票」的漩渦之中。

隨着人感染的執念越來越多，**他的價值觀就會與撒旦國漸趨一致，他所看見的世界就會與邪靈同步起來。**例如以往叫李先生「走私軍火」，可能他還會猶疑「會不會影響平民百姓」，但當他受到貪婪的靈影響，變得利欲薰心，就能面不改容地犯罪，這是因為他的價值觀已經和邪靈一樣自我中心。

當人與邪靈的價值觀漸漸相同，就能與他感受到同一個世界，**這世界就是「撒旦國」。**於是他就會成為了撒旦國的一部份，**那人就會與眾多邪靈「合一(United)」。**所謂「合一」，**就是指「他成為了撒旦國「這台機器」的一塊齒輪。**

撒旦國是一台操控人的機器，它旗下有許多人要操控，每當它增添多一位新成員，**就能利用他去配合其他個案須要。**比如有一個「貪婪的靈」正在試探劉先生，要把他卷入「炒孖展」的深淵中，為此，邪靈必須讓他初嘗甜頭，好讓他以為自己眼光獨到。但是邪靈如何能使他嘗到甜頭呢？就是要操控股價，而他操控股價的工具，就是在他權下的其他人。

最初，「關雲長」未必能驅策李先生炒股，但當邪靈向他顯露出「擅長股票」的一面後，就能驅使他買股票，推高股價，從而幫助「貪婪的靈」得着另一個人。**因此，邪靈會不斷使受害人更認識自己**，以拓展撒旦國的版圖。

【憑依】

當撒旦國不斷拓展，以致神祇在各方面不斷顯出奇能，就越發能使人覺得它強大，直至一個地步，**人會相信它是無所不能的**。當人相信了它無所不能後，邪靈只要透過神祇的身份發命令，人就不敢不聽。雖然人未必願意遵從它吩咐，但因為太恐懼，**仍然會無奈聽命**。久而久之，人會無奈到一個「不覺得是自己做」的地步，就會進入一個渾渾噩噩的狀態，這個狀態稱為「憑依(Possession)」。

> 他晝夜常在墳塋裏和山中喊叫，又用石頭砍自己。(馬可福音 5:5)

憑依即是鬼附，只不過「鬼附」可指任何執念的中毒，而「憑依」就專指「拜偶像」中毒。人由「拜偶像」到「被它憑依」，要經歷不少階段，**邪靈會刻意提出苛刻的要求**，去操練那人的「順服(Obedience)」。有時人會因為邪靈太過份而拒絕它的要求；但當人拒絕邪靈時，**邪靈就會運用他的網絡**，影響那人涉足的任何事，使他遭遇不測，於是那人害怕，就不得不屈從。

當人太過恐懼，以致不得不遵照神祇的吩付時，就會不斷經歷「身體被逼做自己不願意的事」，久而久之，**人就會否定自己能掌控這身體**；當他再受神祇催逼時，就會覺得「無法操控這個身體」，所

做的一切都是由神祇捉住他來做，於是邪靈就能用這個身體為所欲為。

耶和華的靈離開掃羅, 有惡魔從耶和華那裏來擾亂他。(撒母耳記上 16:14)

雖然說「邪靈操控着人的身體」，但這不是說邪靈會用「第一身」去經歷宿主的身體感覺，而是「宿主的意志軟弱到一個程度，對邪靈任何吩付均不加思索地照辦」而已，因為人的靈魂與身體間的配對是無法改變的，只要那人一日在生，都無法改變這個配對。所以事實上，那人對附身後的一切還是有感知，只是因為他放棄了掌控，不去留心這些感覺而已。要是他選擇「興起」，身體的主權始終會重歸他手上的。

【營壘】

世上靠自己的人越來越多，他們就會在世界每個角落留下許多「靠自己的痕跡」，包括工具、建築、法規、文化等等。這些東西存留在世上，就會傳播着「靠自己」的訊息，使人從小時就接受這樣的教育，久而久之，「靠自己」就會成為人心裏的前設。

問題是，本來人就不可能靠自己生存，所以神必須降下苦難，去提醒他們這個事實。但當人面對苦難時仍勉強靠自己面對，就必須擁抱執念來平衡不安感，要不就是「下次小心點」，要不就是「下次聰明點」，當人越發擁抱這些執念，邪靈就會透過它們來操控人，人越是受操控，就越發不能依靠神，以致神不得不降下更重的災禍，久而久之，當災禍的程度超過人所能承受，人「依靠自己」的執念

119

就會投射到拜偶像身上，邪靈就會假扮這個偶像，成為他們操控人的另一工具。

於是日積月累，世上就會遍滿了器具、工藝、建設、法規、惡習、沉溺、淫行、技巧、秘訣、學術、理論、執着、偶像、廟宇、宗教、聖物、符咒、邪術、有邪靈的人、操控的父母、虛偽的領袖、拜偶像的國家、假先知、假教師、科學家、醫學、高科技、人本主義、法治社會、民主自由、自我、超我、宇宙能量、新紀元運動，前後左右一大堆，聯結起來的機器，一起去告訴人「**不用依靠神，可以靠自己**」。

> 我們爭戰的兵器，本不是屬血氣的，乃是在神面前有能力，可以攻破堅固的營壘。(哥林多後書 10:4)

由於世人日夜受這部巨型機器轟炸，所以這個世界，已成了一個循環不息的傳染病世界，無人不靠自己，無人不充滿邪靈。這個靠自己、忘記神、難以被攻破的世界大環境，稱為「營壘(Hold)」。

第捌、

　　撒旦為了逃避神的追捕，就在人心裏建立起他的國度，躲在裏面作王。但其實對人來說，他有他逃進我心內，我有我過生活，他做甚麼其實我大可以不理。但原來問題是：人不會永遠活在世上，當生命終結時，人就要回到精神世界，那時邪靈兇殘的本相就會原形畢露。

【生命】

所有靈體都處於精神世界，也就是想法世界之中，只要憑心念對準對方，就能和靈體溝通，這種方法稱為「心靈和誠實」，俗稱「心靈感應(Telepathy)」，例如禱告就是心靈感應的一種。

> 神是個靈，所以拜他的，必須用心靈和誠實拜他。(約翰福音 4:24)

> 諸天藉耶和華的命而造；萬象藉他口中的氣而成。(詩篇 33:6)

　　由於神要與人建立關係，就創造了「物質世界」為平台，而神「使人生存」的方法，**就是向人的靈魂傳遞物質世界的資料**，包括客觀的環境，和

他身體的範圍等等，於是人就「生存」。情況就好像一部巨型電腦，他若要一部小電腦參與一個 Online game，所要做的，就是向小電腦傳遞 Online game 的資料，這樣就能使他遊歷這世界。

因此所謂「生存(Alive)」，其實就是指「人持續收到神的訊息」，只要一天他還能收到，一天都能感知物質世界，就一天都能生存。

【同步率】

壹個人要「生存」，就要「持續地接收神的訊息」。由於神無所不能，所以要持續傳送訊息給人，技術上是沒有難度的，**問題只在於有沒有必要而已。**

> 因為在你那裏有生命的源頭。(詩篇 36:9)

所謂「必要」，**是指人能否在生存中認識神，這是人「被存在」的目的。**人若能在生存中認識神，他就有必要生存，否則就沒有必要了。例如神為亞當供應充足的食物，是要他體會神的可靠，他若體會不到，這些供應就是白費，亞當就沒有必要存在。但人會否覺悟，這是無法肯定的，畢竟物質世界只是一些客觀的物質，生活也是一些客觀的運動，人能否從中看出神，**還要看人有沒有與神一樣的「價值觀」。**就好像電腦之間要有同一套編碼(Code)，才能解讀出對方的訊息。

人本來被設定了要「依靠神」，所以神的訊息都是基於這意思去傳的，但傳是這樣去傳，**人還要有和神同步一致的價值觀，才能解出神的原意。**例如，李先生沉迷炒股，神為了幫助他，就使股價傾瀉，

123

然而李先生卻把這事看成趁低吸納的良機，自然走向死路。因此，當人的價值觀不能與神同步，就無法解出他的原意，**他的生命就會步向死路。**

問題是，當人被世界「靠自己」的訊息日夜轟炸，總有一日會沾染了「靠自己」的價值觀，那時他

> 因為罪的工價乃是死。(羅馬書 6:23)

就再無法完全同步出神的原意，那麼他逗留在世上也沒有意思，所以就應該要死，這種情況稱為「**犯罪**」。

【忍耐】

人犯罪後，價值觀就會與神分歧，就無法同步出神的原意；即使他留在世上，也無法認識神了。按照神的道，他本應立即死亡，然而神還是要給人悔改的機會，所以就暫且容許人留在世上，希望他們接受引導就會回轉。

> 我必撤去籬笆，使它被吞滅；拆毀牆垣，使它被踐踏。(以賽亞書 5:5)

但由於他畢竟已經同步不出到神的原意，訊息解讀就會亂七八糟，以致他的意志逆天而行，就會招來許多勞損和病痛。面對這情況，神唯有在人四圍安置保護，免得他們被天道毀滅，這種保護稱為「**籬笆 (Hedge)**」。

「籬笆」是神的保護，它出於神對人的忍耐。**本來人的身體是為了讓人「按神心意生活」而設計的**，但當人凡事不肯等候神，以致做出許多屬血氣的份外事，身體的性能就會大幅損耗，**最終就會死亡**，所以神要在人身邊設置籬笆，這個籬笆由神的使者組成，**他們在人**

四周安營，使人遇不到「該遇的車禍，阻隔有害的疾病，修護損耗的器官」等等，這些專為保護人而設的使者，稱為「守護天使(Guardian angel)」。

> 耶和華的使者，在敬畏他的人四圍安營搭救他們。(詩篇 34:7)

然而，當有些人越發悖逆，到了一個臨界，**神覺得留他在世上會影響其他人的福祉，就會撤去他的籬笆**，讓他暴露在攻擊之下，那時他就會抵擋不住死掉。

【擊殺】

於神忍耐人，因此在人身邊設下籬笆，強行阻擋他們該受的攻擊。但當有些人悖逆過份，**超過了神容忍的界限，**

> 他在眾人眼前擊打他們，如同擊打惡人一樣。(約伯記 34:26)

神就會撤去籬笆，**讓他們抵受不住災病而死**。在人看來，他們或遭橫禍，或遇重病攻擊，但其實這些都是神的手段，稱為「擊殺(Smite)」。

> 耶和華說：人既屬乎血氣，我的靈就不永遠住在他裏面，然而他的日子還可到一百二十年。(創世記 6:3)

有些人個性比較中庸，他們未至於窮兇極惡，沒有影響其他人，**於是神就一直等他們悔改**，然而他們持續接觸世界，心裏離神越來越遠，最後就會去到一個「沒有可能回轉」的地步，稱為「心硬(Hard-hearted)」，那時神就會撤去籬笆，讓他死去，這現象稱為「老死(Natural die)」。在一個邪惡的世代中，一個人由「還有救」至到「完全心硬」，大約是一百二十年，所以人的生命極其量就只有一百二十年左右。

【保護】

神對人忍夠了，就會撤去保護，**讓那人死去**。但人死後會覺得如何呢？有人以為人死後就會「冥滅(Annihilate)」，完全失去感知，自我意識消失，其實是誤會，**因為人的「本我」在靈魂裏**，即使死後感受不到物質世界，**意識也不會消失的**。

所謂「肉身生命」，**其實是指人仍然活在「神的想法世界」裏。當人還在生時，神就會無時無刻都用他的想法傳給人，使人持續地感知到物質世界的一切**，所以所謂「肉身的生命」，**其實是一種接受「神訊息的資格」**。

神之所以要源源不絕地傳訊息給人，**是為了保護人的靈魂**。為甚麼要保護人的靈魂呢？因為**靈界裏充滿兇險的「訊息」**，只要人相信了這些訊息，它們就會「打蛇隨棍上」，不斷影響人，直至完全把人操控，最終落入萬劫不復之地。所以，**神為了阻隔「靈界的攻擊」**，就用「身體的感覺」把人的靈魂霸佔着，使人在正常情況下，無法接收到靈界生物發放的訊息。

【回歸精神世界】

當人還在生時，身體會被物質世界的訊息強佔，但當人死後，失去了身體，再接收不到物質世界的訊息，那時他的經歷就會變得一片「混沌(Without Form)」。這片混沌，由他生前未消化的記憶和當時的想法組成，這片混沌會一直存在，直至他接收到有意義的訊息為止。

人死後，會收到兩類的訊息，分別是「外界傳來的訊息」，和「自己的想法」。「自己的想法」會為這片環境帶來「創造(Creature)」，它們會化為事主的「主觀印象」，由於人生前習慣了接觸實物世界，所以訊息通常都會化成實物，比如李先生產生了一個可怕的想法，這可怕的想法就會用一種「他覺得最貼切的表達方式」表現，於是可能出現了一個小丑，因為他覺得這訊息就如這個小丑那麼可怕。

以往在物質世界中的「一個小丑」，基於各人背景不同，**會把它理解成不同的東西**：小朋友會喜歡它，大人可能會害怕它，所以「這東西是甚麼」就會出現分歧。**但人死後就沒有這回事**，人離開物質世界後，就再沒有意義上的「實物」，只有訊息，而訊息都會製成你心內對應的東西。例如李先生收到一個恐怖的訊息，它就化成了「小丑」，之所以會化成小丑，是因為這訊息對他來說的原貌正是「小丑」，所以這小丑會比他在物質界見到的小丑更加恐怖。

> 有利劍從他口中出來，可以擊殺列國。(啟示錄 19:15)

又比如「神的斥責」，會在邪靈的精神世界化成「利劍」，是因為邪靈覺得它有傷害性，所以才會化成「利劍」的。**假設有個人很喜歡利劍，那麼同**

樣的訊息(叫人恐懼的訊息)對他就不會化成利劍，而是會化成他害怕的東西，譬如「火球」等等。所以在靈界中，一切都不須要解讀，直接就能心知肚明。

美國哈佛大學醫學院的神經外科醫生亞歷山大博士(Eben Alexander)在《天堂的證據(Proof of Heaven)》一書中，指出死後並不須要說話來傳訊。

當時是 2008 年，亞歷山大患上腦膜炎，後來落入瀕死狀態中。期間他前往了一個未知的空間，由一名「女性」帶領他遊覽各處，情況如下：

「*沒有使用任何語言，女子就能向亞歷山大傳遞訊息，這些訊息就像風一樣穿透亞歷山大的身體，他立刻就能知道她想表達*

> 那城內又不用日月光照，因有神的榮耀光照，又有羔羊為城的燈。(啓示錄 21:23)

甚麼。用人們所知道的語言來表達的話，女子向亞歷山大說了三句話：『親愛的，你將永遠被珍愛。』『你不必有任何恐懼。』『你不會做錯任何事。』這些訊息令亞歷山大體會到了極大的釋放感。

『我們將向你展示這裏的很多東西，』女子繼續告訴亞歷山大，『但最終你還是要回去的。』對此亞歷山大感覺迷惑，他不知道自己要『回去』的地方是哪兒。然後，一陣溫暖的風吹過，改變了亞歷山大周圍的一切，他所處的世界開始劇烈地顫動。亞歷山大開始在心中對風提出疑問，或者說，他在向控制風的神奇生物提問：這是甚麼地方？我是誰？為甚麼我在這兒？

每次亞歷山大在心中提出這些問題，就能立即得到答案。答案就像一個由光線、色彩、愛和美組成的衝擊波，貫穿了亞歷山大的身體。更重要的是，這種衝擊波並不是在簡單地淹沒亞歷山大的提問，而是通過一種超越語言的方式回答了疑問。」[2]

人死後會回歸精神世界，所以事物的意義都能直接感應，不必再推敲，這個由主觀印象構成的「死後世界」，稱為「**陰間**」。

【陰間】

不論是義人還是罪人，死後都要回到「陰間(Grave)」。陰間是指「**人死後的狀態**」，沒有善惡之

> 「我必悲哀着下陰間到我兒子那裏。」約瑟的父親就為他哀哭。(創世記 37:35)

分，在這個狀態中，人只剩下靈魂，再沒有身體，不能再感知物質世界。由於人轉到陰間後，所見所聞會一百八十度轉變，所以陰間也可以看成「一個地方」，但本質上它不是一個地方，而是一種「**狀態(Status)**」。

> 耶和華阿，你曾把我的靈魂從陰間救上來，使我存活，不至於下坑。(詩篇 30:3)

陰間是指人「死後的狀態」，所以理論上人人都要下陰間；但事實上，**由於人死後很快又會被不同的屬靈使者引導到不同的地方**(義人會被拯救，其他人會落入地獄)，因此陰間裏的情況，可以分為兩個階段去講：**第一個階段是「未遇上屬靈使者之前」**，那只是一段極短的時間，大約幾十秒至半小時不等；**第二個階段是「遇上屬靈使者之後」**，那才是至為關鍵的。不過由於我們較少接觸死後世界，若不明白初段的情況，一下子跳去「遇上屬靈使者後的情

況」就會顯得莫名奇妙，所以須要介紹人死後一小段短時間的情況，作為理解往後變化的基礎。

【血液】

先我們要明白何謂「死」，所謂「死」，是指失去對物質世界的感知，這現象之所以會發生，是因為「血液失效」所致。

有人以為死亡是指「腦死亡」，**其實腦部的定位只是一條「把感官信號傳送給『我』的管道」**，所以用更準確的說法，「腦死」所導致的不是死亡，而是「無法把感官信號傳到來給『我的靈魂』」，於是會導致「身體」與「本我」脫軌，就「**無法覺得身體的一切與自己有關」**。情況就好像在電影中看着「別人受苦」，知道這叫痛苦，但不覺得是自己的。當人腦死亡，由於不覺得這身體是自己的，**所以意志就對不準身體，無法指揮它做任何反應**，別人看他就沒反應，就以為他死了。但事實上，**他對物質世界仍是有「感知」**。為甚麼呢？因為人的生命是在血液之中。

因為活物的生命是在血中。(利未記 17:11)

所謂「生命」，是指能夠「感知」，血液的角色就是替人感知：它是一種跨維度的「衛星(Device)」，負責替人接收物質世界的訊息，所以當人的血液慢慢失去功能，人就會開始無法感知世界的一切。

由於血液遍佈全身，頭和腳失去功能的時間有快有慢，可能會早三分鐘遲兩分鐘，因此在人「死後」的一小段時間內，**仍能感知物質**

世界的情況，卻因為腦部已經停止運作，無法覺得身歷其境，**所以就會以「第三身」的感覺看着別人搶救「自己」**。情況就如一個腦死的植物人，由於血液未死，還是會「知道」到家人在叫喚他的，只不過由於腦部失效了，**他無法覺得自己處身於這個身體罷了。**

可是時間一久，人就會因為血液全部死亡，失去身體一切感知，**開始進入另一個頻度中。**有時他會進入一片漆黑，有時會進入一個新地方，有時會進入一片混沌，沒有一定，**視乎他當時在想甚麼。**

【時差】

死後會進入另一個頻道，那時他會經歷甚麼，就視乎他當時在想甚麼，而他會想甚麼，**就視乎他還殘留着生前甚麼未消化的記憶。**

通常人臨死前都會收到許多訊息，可能是「病死前的痛覺」，可能是「家人的祝福」，也可能是「意外時發生的險境」等等，**這些事都蘊含着大量訊息，所以通常人還未及完全消化它們的意思前，就已經死了。**

死了並不表示這些記憶就會消失，**它們仍會殘存在人的靈魂，**由於它們蘊含豐富的訊息，所以人會率先消化它們，**即是經歷它們。**如果殘留的是家人的祝福，那麼他可能會沐浴在陽光之中；如果是意外時的恐怖記憶，那麼他可能會掉進沼澤中掙扎，視乎那人心目對那段記憶的定義是甚麼。

【時間感】

在陰間的感覺和「造夢」差不多。我們造夢時，會經歷一些場景，當這場景過後，會忽然跳到下一個場景，場景與場景之間沒有連貫性，**也不會有統一的時軸**。例如，李先生在夢中經歷了一段與女神相宿相棲的場景，但突然間又會變成被喪屍追命的場景，場景與場景之間並無關聯，所以夢境裏沒有所謂客觀的時空。

物質世界之所以有客觀的時空，**是因為所有東西的座標都被神的記憶固定着**，所以它們會有統一的相對運動，**這個的相對運動**，我們稱之謂「時空」。但陰間所播放的是我們自己的思想，我們沒有神那麼嚴謹地運用我們的記憶，忽然想起這件事，忽然想起那件事，於是播放出來的場景就斷斷續續，互不相干，所以**不會有客觀的時空**。

【死後的感官】

有人以為由於陰間是「非物質世界」，既沒有神經線，就不會有觸覺，**但其實死後一切感官仍是會保留的**；因為賦予人感覺的不是神經線，**而是靈魂裏記存的印象**。

當人還活着時，每逢從外界收到訊息，都會化為感官信號，然後由腦部傳給靈魂製作成「印象」，這些印象會記存在靈裏。當人死後，**就會以「生前的記憶」來參照靈界接收**

> 打發拉撒路來，用指頭尖沾點水，涼涼我的舌頭，因為我在這火炎裏，極其痛苦。(路加福音 16:24)

到的訊息，例如，李先生從邪靈收到一個恐怖的訊息，這訊息就被李先生根據他對「恐怖」的理解，化成了「小丑」。之所以是小丑，是因為他生前經歷過小丑的恐怖，才會化成它。

正因為人在陰間是用生前的記憶解讀訊息，所以人死後的視覺、聽覺、和觸覺，就是來自這堆生前記憶的，因為人生前所接收的任何訊息，**都是先由身體解讀出它「感官」的資料，才一併傳送給靈魂的**，所以人**靈魂**裏寄存的印象，早已包含了感官的信號在內。

比如李先生生前曾被小丑殺手追殺，砍了兩刀，這痛楚被他記下來。當他死後，收到被追殺的訊息，又砍了他兩刀，這時他的痛覺就不是來自神經線，**而是來自以往的記憶**。

正因如此，有人以為「跳樓自殺」，未感覺到痛就已經死了，以為這很划算，其實這如意算盤是打不響的。**因為他「撞地」的記憶會存留到死後，然後死後就會解讀出來，於是又要經歷一次「從高處撞地的劇痛」。**

133

【死後的形象】

間是個精神世界，所有訊息都會化為「主觀印象」，因此人在陰間裏所感覺到的「自己」，**就是「靈人」**。

由於人對「自己」的概念一直都受肉身的外形誤導，所以您未必清楚自己靈人的盧山真面目，但其實靈人這個「您」並不是死後才變成「您」，**他一直都是真正的您，您一直都用「他」來生活**，他一直都主宰您的一切。

比如原來您的靈人有對翼，其實這對翼不是您死後才有，它生前一直都使您敢於冒險創新；如果你的靈人很巨大，這個「巨大的你」不是死後才有，他向來都使你自視甚高；如果你被鎖鍊鎖住，這條鎖鍊其實生前向來都綁住你，使你不得不沉溺某個壞習慣，要是您生前已經戒掉它，這條鎖鍊一早在那時就破開了，不會現在又無故出現。**因此你在陰間中的一切特性，都事出必有因**，不會無中生有。

我們是如何塑造「死後的自己」的呢？**是在生前每次作決定時塑造的**。每當我們作決定時，就會因為得知自己作了這個決定，**而接受了「自己是如何」的**，這個「如何」就會成為一種訊息，使自我形象產生變化。例如，李先生面對山賊呈兒，明知應該勇敢面對，他卻選擇逃避了，於是他就會把心裏的自己弱化。當人一生走過，做完了所有決定，**就會在靈人裏歸納起來**，成為他真正的自己。

雖然這聽起來很興奮，但遺憾的是：**您的靈人不會永遠保持在初死時的狀態**。正如之前所說，人死後的短時間內，**就會遇上其他屬靈**

使者，他們會引致您的價值觀產生翻天覆地的變化，**使您的靈人大幅改變。**

【死後的空間】

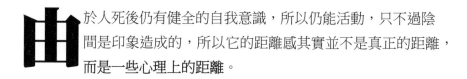於人死後仍有健全的自我意識，所以仍能活動，只不過陰間是印象造成的，所以它的距離感其實並不是真正的距離，而是一些心理上的距離。

陰間的一切事物都是人的主觀印象，所以一件事物之所以會離我很遠，並不是客觀地遠，而**是因為我覺得它離我很遠**，如果我要走過去，要克服的就不是地理距離，**而是內心的距離**。例如，在李女仕與「美食」之間，隔著一座「肥胖山(對肥胖的恐懼)」，她要享用美食，就要跨過去，當她跨過去時，就要經歷肥胖所帶來的痛苦，可能是被取笑，可能是孤單等等。所以，她在陰間享用美食時，**將會經歷與「現世享用美食」一模一樣的難度。**

同樣道理，一個人若在陰間能健步如飛，並不是因為他的腳很大力，因為陰間的距離是心理上的，所以陰間的移動力**是來自他本身的勇氣**，很有冒險精神，很願意克服障礙，去接觸各種新事，這樣才會構成他的移動力。

【死後的親友】

初落入陰間，人生路不熟，能否找其他已死的親友嚮導呢？理論上，**只要認識對方**，其實是能夠憑「心靈感應」找到對方的；但事實上，在陰間能找回親友的機會近乎零，因為我們生前所理解的對方，並不是真正的對方。

由於人眼睛明亮，我們對人的所謂「認識」，**很大程度上都由「視覺特徵」**支配，比如他的五官、高度、身型等等，於是人就會靠外表「認人」。例如李先生認識王先生，對他來說「王先生」的定義就是「一堆精密的視覺記認」，姑且稱之為「W」，每當他遇見有人發出「W」時，就會認定面前的人是他。

> **所以，我們從今以後，不憑着外貌認人了。**
> （哥林多後書 5:16）

問題是，死後世界沒有物質，**再沒有一個客觀平台去給你「遇見他」**，更惶論要「觀察他」。所以能否找回他，**就視乎「你心目中的他」**，與「他心目中的自己」是否吻合。在精神世界裏，靈人就是對方的地址，人若只憑外貌認人，不認識對方的心，想法就會無法對準對方，於是就找不到他的「地址」。例如，李先生看王先生很「高大」，但原來王先生的靈人很「矮小」，於是李先生呼喚王先生時，就會去錯「地址」，**以致失去聯絡**。情況就好像我們在 Online game 中認識了一個朋友，只知道他的網名叫「大俠」，當我們被踢出遊戲後，想尋回他，就在 Email 地址填上「大俠」，自然無法聯絡。

人死後雖難以聯絡其他人，但人並不會寂寞，因為從「剛死」到「消化生前記憶」的時間，**就只有幾秒鐘至幾十分鐘**，之後就會有各種屬靈使者急不及待要找上你。

地獄篇

第玖、

當人死後，就會回到一個由精神意念構成的陰間中。人死後會失去身體的保護，所以訊息就能輕易入侵，其中邪靈會利用他的影響力，把人拖進地獄，然後人就會落入萬劫不復之地。

【訊息】

人死後，雖不能再收到物質世界的訊息，**但他仍能收到「其他靈體」發出的訊息**，包括神、天使、和邪靈等等。在靈界中，憑着心念就能對準對方傳情達意，由於靈界生物一直監視著世上每個人，熟悉他們的本質，**於是只要人一死，靈界生物就能找上他。**

雖然靈體能向人傳訊，但不代表那人就要接收，因為靈魂會接收甚麼訊息，都要看他的念結，**他要對某種訊息感興趣**，才會接收得到。一些他從未想過要留心的訊息，就會被「忽略」。例如「人有頭」這件事，你遇見每個人也看得到，但你不會每次見人也想起這事，因為這事太過平凡，你不會無緣無故想起它。

如果「邪靈」或「天使」所發的訊息，**是那人感興趣的話**，就能影響到他了。

【爭奪】

早在人在生時，邪靈和天使已經細心琢磨每個人的本質，所以人死後，他們不會認錯人，**能準確地找上。**

> 他們是屬世界的，所以論世界的事，世人也聽從他們。（約翰一書 4:5）

然後天使和邪靈都會向死人傳訊，但他們的訊息差天共地。天使會叫人「依靠神」，魔鬼會叫人「靠自己」。由於所傳的訊息不同，**訊息之間的影響力又是呈零和關係，**所以最後人會聽天使還是邪靈，**就視乎他生前對各自訊息建立了多強的念結。**人更習慣留心那一方的話，死後就會一如既往地聽從他。

事實上，常人生前都不會對它們的訊息有多留心，因為那時人最留心的，都是「**身體傳來的訊息**」，所以以往身體會霸佔着了他們大部份的留心，這種現象稱為「**屬肉體(In the flesh)**」。正因如此，常人心靈感應的能力幾乎等於零，但當人死後，**對靈界的訊息就會突然清晰很多。**

例如在 1987 年，中國國務院醫學教授馮志穎，曾經對 81 位唐山大地震的幸存者進行瀕死體驗調查，發現半數以上的受訪者，在瀕死時刻反而思維特別清晰。(2)這是因為他們的身體漸漸失效所致。

人在陰間裏會被四面八方的訊息包圍，各方人馬都對新人虎視眈眈，包括邪靈和天使在內。至於他們誰能使你留心，**就視乎你生前習慣留心哪一邊。**

例如，李先生慣於召妓，經上瀏覽內容極端的網頁，被植入了許多「淫亂」的念結，所以邪靈一個小小的勾引，就能使他異常興奮。天使有見及此，就向他傳義道，想潔淨他心中的欲火，但由於李先生一向對「聖潔」沒有甚麼興趣，天使的道只能產生「一滴水」。

如果李先生不是種下了這麼多「淫亂」的念結，天使的訊息也不會只有一滴水。**當各方面的訊息同時入侵時，彼此的影響力就會「此消彼長」**，甚至是耶穌臨到他們身邊，也不能改變人留心訊息的習慣。例如卡特琳巴斯德(Kathryn Baxter)就曾與耶穌一起遊訪地獄，發現即使耶穌的道，也無法把死人救出地獄：

「我聽到喊叫從第一個坑裡發出來。一個在骷髏形體裡的靈魂在哭著說：「耶穌，可憐我吧！」那聲音是一個女人的聲音。我看著她。真想要把她拉出來，那種情景使我心碎了。

那靈魂開始跟主耶穌說話，我看到那靈魂在骷髏的形體內，如一團灰色骯髒的物體，腐爛的肉猶如碎片般掛在骨骼上，它們被燃燒之後，就掉入坑底去了。她以前有眼睛的地方，現在只剩下兩個空眼窩。她沒有頭髮，火從她的腳開始著起，漸漸地上升，爬上她的身體，一直在燃燒。雖然有時那火只是餘燼，她也從內心深處湧出哭泣呻吟，充滿絕望：「主，我要從這裡出去！」

她一直想摸到主耶穌，我看見主的臉上充滿憂傷。主對我說：「我的孩子，你與我在這裡是要讓世人知道罪的後果就是死，地獄是真實的。」 (3)

【虎視眈眈】

如果人在心如止水的狀態，**那麼這時即使發生何等微小的事，** 也會引起你全情注意。比如李先生被關進牢房已經三年， 荒悶之極，這時有朵花從石隙間長了出來，雖然他素來對 花沒有興趣，但這時也會如獲至寶，甚至對它說起話來。同樣，**如 果死後的環境也是如此寂靜的話，**那麼即使人對天使的話再沒興趣， 也會聽聽他說甚麼。

問題是，**人死後不會如此寂靜。**當人死後歸到精神世界，**天使要把 他拉向天國，邪靈則要把他拉向地獄，**所以他不會寂寞。由於靈體 沒有肉身，所以「爭奪」不是指鬥力拔河，**而是指讓他服在自己的 說話之下，**然後逐步**把他引導到自己所屬的「頻度」裏。**

他們誰能說服那人，**就視乎人生前習慣留心哪方的訊息。**由於世人 經過漫長一生，通常已受世界「靠自己」的信念洗禮，**往往都會抱 緊某些執念不放，**因此**邪靈的影響力往往比天使更強。**

例如在 1985 年有一名叫候活(Howard Storm)的藝術系大學教授，他 是一個無神論者，忽然胃部破裂，後來急救無效死亡。當他死後， 就聽到有人輕柔地呼喚跟隨，他們都穿著灰色的衣服，不斷催促候 活跟隨，於是他就跟隨那些人走往陰暗而朦朧的走廊。

「我跟著那些人，走了很長的路程。那裡沒有時間的存在……周圍 也變得越來越暗，他們對我的敵意，也變得越來越公開……我看不 到他們的正面，只能夠看到他們的背部，因為我嘗試加快速度時，

他們也故意加快速度，不容許我看到他們真面目……開始的時候，他們說甜言蜜語，好讓我同意跟著他們走。但當我已經跟著他們一起走時，他們就開始說一些諸如『快點！繼續走！閉嘴！別再問問題！』此類的話，變得越來越醜惡。

最後，我們終於處在完全的黑暗中，而我害怕極了，那些人變得非常的兇惡，而我不知道我身處何處。結果，我們開始爭執起來，而我試著要逃離他們。但他們開始推拉著我，而且，他們現在變得有很多人。起初，他們只有幾個人，現在，他們可能已經變成有幾百或幾千個人，我不知道。而他們雖然可以毀滅我，如果他們要那樣做的話，他們卻不那麼做，他們就只是戲弄我，要給我帶來痛苦，並將他們的快樂建築在我所遭受的痛苦上(我很難去形容那種情況，我也不想多說，因為它真的太醜惡了)。

他們用指甲爪我，摳我、剝我、咬我……我試著要保護我自己、試著將他們打跑、試著逃離他們……他們有幾百個人在攻擊著我，所以我就像是處在蜜蜂窩裡一樣……很快的，我就躺在地上了，全身上下甚至裡裡外外都覺得痛。而身體的疼痛加上心靈的痛苦，那更是令人難以忍受的。」

後來候活被神強行拯救了，並且復活，他辭去大學教職，然後成為牧師直到退休。(4)

只要在人死時，「**屬血氣的執念**」是他最強的執念，這執念就會成為被邪靈入侵，然後人就會跟隨他，不斷被操控，缺口越來越大，最終落入萬劫不復之地。

> 無論是淫亂的、拜偶像的、姦淫的、作亂童的、親男色的、盜竊的、貪婪的、醉酒的、辱罵的、勒索的，都不能承受神的國。(哥林多前書 6:9-10)

【洗腦】

本來對於活人來說，「屬血氣的執念」都不會是他最留心的，因為最影響人的必然是「**肉體**」，所以當身體的感覺一到，就會搶回心神。例如李女仕覺得李先生無理取鬧，正在忿忿不平中不能自拔，但當她的肚子一餓，即使再憤怒也得停下來食飯，等吃完飯，心裏可能已經是另一片天；又或者她雖然憤怒，但突然被櫥窗某件漂亮的衣裳吸引，轉過頭來，怒氣已經煙滅雲散。**因此當人還活着時，就不可能被執念永無止境地捆綁**，總要吃飯上廁所，或看看美侖美奐的事物，這時就會出現被釋放的機會。

但人死後再沒有「身體感覺」，於是身體所霸佔的心靈空間就會騰空出來，被「第二留心」的事侵佔。對於一般沒有信靠神的人來說，這「第二留心」的事就是「執念」，於是它就能取而代之，成為對那人影響力最強的事。

由於人新死時，「執念」會成為「最能影響他的事」，所以邪靈只**要把握這個機會，不斷催促他犯罪，他就必會犯罪。當他犯罪後，**

143

念結又加強了，此後試探他就更容易。由於念結的影響力是呈「零和關係」的，**所以他聽從了引誘，這聽從的記憶就會使他下次更易受操控，其他聲音就會越來越弱**，只要邪靈一鼓作氣，**重覆地對他「洗腦」，他對其他聲音的感知將會被關閉**，這樣邪靈就能完全操控他。

例如，李大師是個得道高僧，從人看來是個聖人，完全沒有色情、驕傲、懶惰的念結，所以他對這些試探毫無知覺。唯有因為世人實在冥頑不靈，**所以就有些微「暴力」的念結**。當他死後，唯有「暴力的靈」能打動他，暴力的靈對他說：「當你面前有一個殺人如麻的兇手，正要對手無寸鐵的嬰兒呈兇，這時你手上有一把手槍，你會阻止他嗎？」由於在屬靈世界中，所有的訊息都會化為現實，這堆訊息會化為現實情境讓他經歷。

開始時，李大師對暴力的執念可能還弱，**所以邪靈設下的情境須要十分極端**，讓他身陷無可奈何之中。但當他使用暴力後，對暴力的執念就加強了，於是邪靈下一次就能設定一個進階的場景，讓他對暴力的破口更上一層樓。週而復此，只要對李大師不斷洗腦，最後他就會剩下狂暴，被憤怒完全操控。

為甚麼只有邪靈的聲音能影響到他，其他聲音就不行呢？**因為李大師對「暴力」的念結是所有事情中最強的**。即使有天使都想引導他，但因為「暴力」仍霸佔着他的心，**他就幾乎感覺不到天使說甚麼。**

人的理智要比想像中脆弱得多。**當他們身處受隔絕的環境，往往會很快會失去自我。**比如將人關在隔離的房間裡，將他的眼睛蒙上，手腳也包裹起來以隔斷觸覺，耳朵被封閉。只要幾天，大腦沒有訊息就不能正常運作。這時只要向他

> 情慾的事都是顯而易見的，就如姦淫、污穢、邪蕩、拜偶像、邪術、仇恨、爭競、忌恨、惱怒、結黨、紛爭、異端、嫉妒、醉酒、荒宴等類。我從前告訴你們，現在又告訴你們，行這樣事的人必不能承受神的國。(加拉太書 5:19-21)

不停播放一種宣傳訊息，他就很快會接受了訊息的內容。(5)

無論任何人都會犯罪，不管所犯的罪有多小，都會種下一個念結；無論念結多麼少，**邪靈都能把他撬開，越撬越大，最後陷入萬劫不復之中。**

【死前】

人死後，就會被虎視眈眈的使者爭奪，人會聽從那一面，**就視乎他當刻較留心那邊的訊息。**如果他留心「屬神的事」，就會聽從天使的引導，如果他留心「屬血氣的執念」，就會聽從邪靈的引誘。

> 他若退後，我心裏就不喜歡他。我們卻不是退後入沉淪的那等人，乃是有信心以至靈魂得救的人。(希伯來書 10:38-39)

由於「會聽從誰」的分水嶺就發生在他死時當刻，所以人死後會不會被邪靈扯進黑暗，就只在乎他當刻的狀態。**如果他死前突然被屬血氣的執念支配，那麼即使他之前持守了**大半生的信靠神的心，**都是零意義的。**例如有個義人突然被憤怒支配，從高處跳下「**自殺(Suicide)**」，他在死亡當刻就處於「被憤怒支配」的狀態，所以邪靈就能把他扯進黑暗。

例如在 2001 年，尼日利亞 (Nigeria) 有一位名叫 丹尼爾(Daniel Ekechukwu)的牧師, 和妻子 Nneka 吵得很厲害，期間他妻子打了他一巴，於是丹尼爾便不肯原諒太太。直至有一天，丹尼爾發生車禍，他受了重傷吐血，後來就死了，他的死亡時間是 11 月 30 日。丹尼爾的屍體被送往停屍間，接受了防腐劑注射。

丹尼爾死後，被兩位天使帶去參觀天堂，看見那裡的人都穿著白衣，但原來這裏不是丹尼爾的住處，他被天使又了去地獄。那裡的人痛苦地叫，好像被火燒那麼痛。

天使對丹尼爾說：「按你以往的記錄, 毫無疑問你會到這裡。」丹尼爾卻回答：「我是屬上帝的，我全心全力服待祂！」天使翻開聖經，到《馬太福音》6 章 14 節，說「你們饒恕人的過犯，你們的天父也必饒恕你們的過犯；你們不饒恕人的過犯，你們的天父也必不饒恕你們的過犯。」

丹尼爾就想起不肯原諒妻子。但天使告訴他，神要送他返回人間，給予他最後一次機會，於是後來他就復活了。

耶穌對他說：「我實在告訴你：今日你要同我在樂園裏了。」(路加福音 23:43)

由於丹尼爾死時被憤怒所佔據，所以他應然的歸宿就是地獄了。相反，如果人在死前一刻信主，那麼他當刻的狀態就會被「神的感動」充滿，對邪靈的聲音根本聽不入耳，神就可以輕易引導他回歸天國。即使他大半生活在罪中，也能獲救，因為只有當時的狀態才是決定性的。

【形象變化】

由於靈界是「精神世界」，所以人死後，靈人就會顯露出來，「成為」他真正的自己。例如李大師是個得道高僧，他既自覺超凡脫俗，就擁有一副「莊嚴的寶相」。**然而，這副「莊嚴的寶相」只存在於他自己的主觀中**，從天使看來，他只是個「不認識神的可憐人」，滿身傷痕；從邪靈看來，他只是個「潛在的奴隸」，又瘦又弱。

各路人馬之所以會把同一個人看成不同，**是因為價值觀不同**。比如邪靈「自我中心」，所以就會把人看成「潛在的奴隸」，正因為從他看來人正是如此，所以他們所謂「引誘人」，**其實只是「把自己的價值觀加諸對方身上」**，要那人與自己的想法同步。當那人被支配，接受了邪靈的價值觀，**就會漸漸會看出邪靈眼中的自己**，於是自覺成了「又瘦又弱的奴隸」，**此時他的「寶相」就會面目全非。**

由於每個人偏執的地方不同，有些人偏執於暴力，有些人偏執於色情，有些人偏執於貪婪，有些人偏執於暴食，有些人偏執於嫉妒，所以在邪靈眼中他們會有不同的外型，但由於邪靈都自我中心，所以各種人不約而同地都是奴隸，他們將要受到不同形式的奴役。

147

【虐待】

當邪靈透過「執念」捆綁人後，並**不會閒着擺放**。他們會不斷使人犯罪，深陷於該種執念之中；久而久之，那人就因為經歷了太多「受操控」的感覺，**靈人變得越來越弱**。但邪靈的虐待並不會就此停下來，**他們會繼續把人的執念火上加油；**這樣做不是單單為了耍樂，**而是要完全支配他。**

當人新死不久，**仍會殘留生前「各種記憶」**，例如李先生生前聽過「神」，死後他對神的記憶仍會存在，若邪靈放着人不理，任由天使引導他「依靠神」的話，**很快他的心就會「依靠神」**，於是就能從邪靈手上把他搶回天國。因此，邪靈在人新死後的好一段時間裏，都要繼續侵犯他，**好讓他無法留心其他事，直至種下無數受支配的念結，完全消滅他對其他事的記憶為止。**

例如，李先生受「情慾」捆綁，「淫亂的靈」就會不斷勾引他行淫，去到一個地步，他會因為過度行淫而產生「**反感(Disgust)**」；由於他對性行為的印象改變了，自此他所經歷的就不再是愉悅的感覺，**而是反感的感覺**，於是性行為就不再是享受權力，而是被蟲子咬下體，或被邪靈刺傷下體。由於靈界裏擁有真實的感官，**所以他會真實地感到痛楚。**

例如在 2009 年，一位韓國的女畫家，被耶穌基督提到地獄，要她把所看到的畫出來。當她走到地獄的深淵，發現人們受着各種折磨，其中有有邪靈用力拉開人雙腿的骨架，又有人被蛆遍滿啃食，發出尖叫聲；此外又有魔鬼撕開人的嘴，把已燒著的硫碳塞進去。(7)

當人不斷被行刑，時間一久，**就只會剩下「不想再痛」的渴望**，於是他會慢慢無法再留心其他事，最後完全無法感應。除了對邪靈的侵犯極為敏感外，**其他事都零知覺。**

【地獄】

由於不同類型的人會對不同的事上癮，**所以他們會受到不同形式的虐待**，例如陷入「情慾」捆綁的人，他們會因過度運用下體而感到「被蟲子咬」；「嫉妒」的人，會因為生前嫉妒時心跳加速，這感覺會在死後激化為「心臟被火焚燒」；又例如「說謊」的人，會因為欲擺不能地運用舌頭，產生「舌頭脫落」的感覺。這個邪靈日夜折磨人的精神世界，稱為「地獄(Hell)」。(8)

> 在那裏，蟲是不死的，火是不滅的。
> （馬可福音 9:48）

由於人的執念最終會化為「過度運用」，而在物質世界中物體的「**過度運動(Over action)**」會引致「**焚燒(Burning)**」，所以他們常會感到被火燒，造成地獄到處都是「不滅的火」。而地獄中另一種最常見的就是蟲子，它們代表了「反感」，當人對邪靈的侵犯開始反感後，它們就會感到被蟲咬，**所以地獄裏常有「不死的蟲」**，例如「貪吃」到最後就會變成了吃蟲。

由於受刑人最終會關閉了對其他事的感知，**所以他們會感到被隔絕**，這種感覺會化為「被關在囚房」、「被綁在鐵架上」，甚至是「被困在箱子」的體驗，然後在那裏被火焚燒或其他折磨。

149

【受刑區】

在 偶然的情況下，**地獄中的受刑人會感覺到附近有人遭受與自己同類的酷刑**，這其實是因為對方受著同類捆綁，所以他發出的哀號，**會剛巧觸動自己感同身受**。例如大家都受「完美主義」的折磨，正在欲罷不能地「洗手」，洗手到最後就會感到手被火燒，因此「他的哀號」就會令自己產生共鳴。

因此在地獄中，附近一帶的受刑人，**全是受着同類執念折磨的人**，就建立起了一個「**受刑區**」。例如大家都是說謊者，就會在一同在「謊言區」內吃蟲，不會無緣無故又有個「憤怒」的受刑人來到中間被火燒；若大家都是色鬼，就會一同「淫亂區」被刺下體，不會無故又有個說謊者在中間吃蟲。因此，**受刑區都是以「執念」來劃分的。**

由於世人依靠自己的表現各式其式，有些人會嫉妒，有些人會憤怒，有些人會懶惰等等；所以邪靈為了對應他們的弱點操控，**就造成了地獄裏各式各樣的受刑區。**

> **凡罵弟兄是魔利的，難免地獄的火。**
> **（馬太福音 5:22）**

150

執念	受刑方式
嫉妒	心臟
情慾	下體
謊言	口舌
憤怒	胸口
詭詐	頭顱
恐懼	腿部
完美主義	手部
懶惰	困在狹小的空間
食慾	吃下許多不能吃的東西
吝嗇	抱住許多奇怪的東西
苦毒	飲下使人痛苦的毒
酗酒	腸臟
偶像	受偶像攻擊

從表面看來，地獄裏有各式各樣的酷刑，虐待不同類型的人；**但其實這也是出於實際須要**，因為他們的特性各有不同，所以必須用不同類型的試探，才能擊中他們的弱點。

【死後的偶像】

人若被甚麼執念捆綁，就會遭受甚麼的折磨；但若然人已經去到「**拜偶像**」那麼深入的階段，邪靈操控人的方式就更簡單，他無須為人度身訂造任何試探，只須要透過神祇的身份拉他去地獄就可以。

151

人拜偶像，與它的關係越深，**就會越害怕它**，最後不得不順從它，**只要邪靈透過神祇的身份發出吩付**，人就會看成是「神的旨意」，不敢不從。例如當一個茅山術師死後，邪靈不用精細地研究他的心理狀態，只要透過「齊天大聖」的身份擊打他，就能使他害怕和順從。

當那人相信神祇後，**邪靈就能透過它去做一切那人相信它能作的事**。例如茅山術士相信「齊天大聖」能七十二變、呼風喚雨、力大無窮、飛天循地，那麼邪靈在這身份裏七十二變、呼風喚雨、力大無窮、飛天循地，因此只要邪靈操縱這替身，就好像坐在「機械人」裏面，**使用超常的能力**，輕易玩弄人於鼓掌。

【地獄掌權者】

由於地獄的區域以「受刑者的性質」來劃分，同一區域內的人，會遭受同一種折磨，**所以在區域內負責折磨他們的邪靈，也會屬於同一類**。例如負責掌管「憤怒區」的邪靈，必然是一眾「憤怒的靈」，掌管「情慾區」的邪靈，就必然是一眾「情慾的靈」；因為只有他們，**才能對該類人發出準確的試探**。

事實上，在地獄中行刑，**並不如在物質世界那麼簡單**；在物質世界，人只要拿起刑具，就能漫無目的地折磨人。但在屬靈世界，**所有事情背後都有他對應的意義**，所以「折磨」的定義是甚麼，**對於每個人都不同**。特別是處理初到貴境的受刑人，他們仍殘留着各式記憶，所以「**甚麼訊息**」和「**場景**」能使他陷入執念之中，本來就是一門高深的學問。

152

所以營運地獄的受刑區，都是高度技術性的，**邪靈要精準地管理每個受刑人的念結**，讓他們循序漸進地陷入執念的深淵中，背後涉及龐大的行政和學術工作，包括「記錄」和「研討個案」等等。由於邪靈之間要緊密配合，**所以他們之間會有階級關係。**

早在邪靈未墮落前，天使已經分為各種階級，所以在受刑區內的邪靈，同樣保留着他們這 | **沒有幫助我抵當這兩魔君的。(但以理書 10:21)**

種階級，有的負責策劃，有的負責管理，有的負責執行，更有負責掌管各個屬性區域的主管，包括負責掌管「憤怒」的魔君、掌管「嫉妒」的魔君、掌管「情慾」的魔君等等，他們共同管理着一盤生意，分配大家如何從死人身上汲取**屬靈養份。**

事實上，邪靈要操控一大堆人都十分費心，為甚麼他們要做這麼多事呢？**因為邪靈要透過接受人受虐時所發出的訊息，淡化對神的留心**，久而久之，**最終就能逃離神**，永遠活在「人心」這頻度裏。

邪靈過往是天使，**對神有很強的記憶**，如果不斷承受他的斥責，最終就會被「擊殺」。所以，他們要尋找新的資訊去留心，以免神的**聲音獨大**；為了減弱神的聲音，**他們尋找了「人的反應」來進食。**當邪靈虐待人，接收到人的慘叫、求饒、失控、悲鳴，和各式各樣複雜的反應，**就可以引起他們留心，減低神對他們的影響力。**於是得以從「被追殺」的狀態，**逃到在「人心」裏作王。**

【倖存者】

本來只要人在死時當刻最留心「屬血氣的事」，那麼邪靈就能透過「洗腦」，把他硬生生扯進地獄裏。不過有些人會非常幸運，雖然他們屬血氣，但仍沒有被扯進地獄，甚至能夠從陰間返回肉身，這種情況稱為「**瀕死經驗(Near death experience)**」。

從人看來，這是「瀕死」經驗，但其實他們已經死了，為甚麼沒有被扯進地獄呢？因為「搶人」始終不是一種「自動發生的機制」，而是一場「爭奪戰」。邪靈之所以較易取勝，不過是因為人有了一個弱點，而他較能刺激這個弱點而已。**但試探始終是人手操作，難免會失手**，有時他對那人的認識未夠深入，發出的試探軟弱無力，**就不能即時霸佔他的靈魂**。

例如李先生死了，他生前活得平平凡凡，雖沒有信仰，但也沒有甚麼特別沉迷甚麼事，各樣事情都有做：吸毒、賭博、召妓，但都是淺嚐而已，**所以邪靈無法從日常生活中了解他哪邊的破口較大**，就只好勉強以情慾攻擊他；但原來他對情慾並沒有興趣，他召妓只是出於好奇而已，所以對這試探不為所動。

由於念結的影響力是呈零和關係的，所以當邪靈的試探乏力，**就會留下空間讓其他事情影響他**，如果這時有天使前往接觸他的話，就有可能比邪靈更能影響他，於是把他扯離邪靈的操控範圍。又或者那人拼命地宣告要逃脫，抵抗住邪靈的影響力，也能減緩他被綑綁的時間，使天使有機會救他出來；更有可能不知為甚麼邪靈沒有第

一時間接觸他，天使其就能搶在邪靈之先接觸他，於是就被接走了。所以大家緊記，死後要拼了命不斷求神救自己。

有時，瀕死獲救的人會在使者的保護下遊走地獄一遍，**觀摩一切殘酷的事**，然後返回世上重過新生。例如在 2009 年 11 月 7 日，厄瓜多爾一名安吉莉加的女仕死亡，當她死後，耶穌帶她遊歷地獄。地獄是一個鋪滿火焰的深淵，有數百萬人的慘叫聲，有各種魔鬼折磨人。其中他們會被逼重覆去做沉溺的事：

「*我看遍那個區域，那裏全都是死去了的歌手、藝人。他們所做的事就是唱歌，唱了又唱，他們不停的唱。主解釋說：『女兒，所有在這裏的人，他們繼續做他們在地上所做的，他們必須不停的做，除非他們在地上悔改了。』*」(9)

不過話說回來，由於邪靈對屬性的掌握由神親授，失誤的機會少之有少，所以這種情況非常罕有。

【火湖】

當邪靈日夜折磨人，人就會求生不得、求死不能，**最後神對這些事的憤怒就會去到極點**，於是整個陰間，包括裏面所有邪靈和死人，**就會被強行提到審判台前接受審判。**

> 於是海交出其中的死人，死亡和陰間也交出其中的死人。他們都照各人所行的受審判。(啟示錄 20:13)

> 死亡和陰間也被掉在火湖裏，這火湖就是第二次的死。(啟示錄 20:14)

審判之後，所有的邪靈和他們的奴隸，並整個「陰間」和「死亡」，**都會被扔進神憤怒的火湖永遠焚燒**。由於萬物的本質都是神心裏的印象，所以把它們焚燒，**意思就是指神把「對它們的印象」燒燬**：把「對陰間的印象」焚燒，把「對邪靈的印象」焚燒，把「對死亡這個概念的印象」焚燒。所謂焚燒，是指「憤怒」的訊息會掩蓋了裏面的一切，從此它們對神來說，就只剩下一堆憤怒，裏面的一切再與神沒有關，不能再被神感知，**與神永遠隔絕，這叫「第二次的死(Second Death)」**。

相反，屬神的人最終會被重新接駁進一個新的身體，然後進入一個「新造的物質世界」裏與神永遠同在，神心裏為他們留下了無數快樂場景，給他們經歷，這個新造的物質世界稱為「**新天新地(New Heaven & New Earth)**」。

由於在新世界中不會再有「欺騙」，所以這個新身體的外型，會與那人的內在品質完全相稱，稱為「**榮耀的身體(Glorious Body)**」。

例如耶穌基督的手腳上仍會有釘痕，這是為了反映出他曾經為世人死過。

問題是，世界既已把所有人籠罩在「依靠自己」的惡習之下，為甚麼有人還能「依靠神」呢？**因為神要救人，本來就沒有難度。**

預告、

或許您看完邪靈如何凌虐人後，會感到絕望，但您不必如此，因為您將會在「下冊」中，看見天國如何反擊。這是關乎一個人難以察覺的秘密，這秘密涉及一個徹底改變世界歷史的人，他支配着靈界，使人不會掉進到黑暗之中。

事實上，即使撒旦打造了「世界」，技術上使每個人生下來就沾上原罪，彷似密不透風，**但其實這只是撒旦一廂情願的想法，神對此根本毫不在乎，他亦從未因此感到救人有任何技術上的困難。**神會用甚麼方法呢？還看下冊：《解開靈界之謎(下)》分解。

陳信義

註、

第一、超自然篇

1. 「世界經典名言大全」in http://www.simplyarticle.com/article/8711171753/

2. 「自然科學」(維基百科)in https://zh.m.wikipedia.org/zh—hk/自然科學

3. 張貴余：〈嗅覺比人類靈敏幾萬倍 狗能用鼻子查癌症〉（人民網，2004，引自《環球時報》2004 年 09 月 27 日 第十二版)in
   http://www.people.com.cn/BIG5/huanbao/1074/2895727.html

4. "iTune preview" in https://itunes.apple.com/cn/app/pin—lu/id398296783?mt=8

5. 悠悠：《大蠟蛾聽力範圍是人類 15 倍》(科通社，2014—11—14) in
   http://www.bkweek.com/a/lanmu/waikan/2014/1114/2811.html

6. 小楊：「猴年說猴：你知道眼鏡猴會發超聲波嗎？」(科普中國，2016—01—06)in
   http://www.kexuelife.com/article/5770/

7. 鄭老師：「藍牙技術 — 無線通訊的最佳解決方案(一)」(科技鮮知)http://tech.get.com.tw/tech/tech—13—1.htm

8. 陳輝樺：「X 光太空天文台攝影特展 (4)：X 光的發現與探測」(AEEA 天文教育資訊網)
   in http://aeea.nmns.edu.tw/2012/1204/ap120404.html

9. 「靈魂和現實一樣真實 死後意識仍存在」(看中國，2014—10—17) in
   http://b5.secretchina.com/news/14/10/17/556874.html?靈魂和現實一樣真實%20 死後意識仍存在(組圖)

10. 「科學界解釋瀕死體驗現像原因兩派紛爭」(人民網，2007—09—08)in
    http://scitech.people.com.cn/BIG5/6235460.html

11. 《靈魂實驗》(The Afterlife Experiments)，作者：蓋瑞.史瓦茲(Gary E. Schwartz)，譯者：
    傅士哲，出版社：大塊文化，2003

12. 「史上十大靈異來生靈魂實驗」(時光網，2015—03—26)in
    http://www.timetw.com/35834.html

13. 同上

14. John Markoff：〈荷蘭科學家證實量子糾纏〉(紐約時報中文網，2015 年 10 月 23 日) in
    http://m.cn.nytimes.com/readers—translation/20151023/cc23quantum—reader/

第二、靈魂篇

1. 「名言佳句小百科」 in http://www.trytohear.com/content/id/53886
2. 《歐洲科學家進行人類靈肉分離試驗 2015 年 05 月 30 日》(時光網，2015—5—30) in http://www.timetw.com/18395.html
3. 笛卡身(Rene Descartes):《我思故我在》(台灣：志文出版社，錢志順譯，2012)，頁 1
4. 《物理學家探究時間的架構：現實可能是幻像，而「時間」可能不存在》(新鮮科技，2016 年 2 月 23 日) in http://www.bjinnovate.com/archives/444760.html
5. 「驚世理論：真實在他方　我們的宇宙只是個大投影！」(東森新聞雲，2013 年 12 月 13 日) in http://www.ettoday.net/news/20131213/306628.htm
6. 皮燕：「風景園林設計—觀賞視距分析」(天成國際景觀策略規劃有限公司，2012—2—23) in http://www.tsen.com.cn/news/tianchengwenyuan/661.Html

第三、邪術篇

1. 懷特(Andrew Dickson White): 《基督教世界科學與神學論戰史》(中國：廣西師範大學出版社，譯者：魯旭東，2006)，頁 312。

第四、天使篇

1. 「瀚文大典」 in http://www.caca8.net/mingyan/1/105240.html
2. 班‧波法(Ben Bova):《光—從細胞到太空》(臺灣：商務印書館，譯者：周念縈、郭兆林，2003)，頁 127。
3. Hemmings Wu:《巴甫洛夫的狗：1904 年第四屆諾貝爾生理學醫學獎得主 Ivan Pavlov 的文章回顧》(PanSci 泛科學，2013-05-18)in http://pansci.asia/archives/41780
4. 雷雁博《科學與聖經》(第十五章 巴別塔與世界人—聖經人口統計學與語言學) in http://cclw.net/gospel/explore/kexueyushenjin/htm/chapter17.html，指出人口會以幾何級數增加，從挪亞到希西家共三十二代左右，那時世界人口最多只有數百萬。
5. 《舊約聖經.但以理書》7 章 10 節。

第五、邪靈篇

1. 李敏：「一言為定：細節中的神與魔」(《太陽報》，2014 年 9 月 14 日) in http://the—sun.on.cc/cnt/lifestyle/20120914/00497_001.html，

2. 「維基百科—猛鬼街」in https://zh.m.wikipedia.org/zh—hk/猛鬼街。

3. Hsi—Te Shih：「蚯蚓大量離洞現像」(台灣蚯蚓資訊網，2005) in http://web.nchu.edu.tw/~htshih/worm/earthwrm/eq_earth.htm

第六、原罪篇

1. 「關於人類的名言警句」in http://www.mingrenzhuan.com/mingrenmingyan/1130.html

2. 李偉才：「斯德哥爾摩症候群 — 淫威下的心理扭曲」(立場新聞，2015-1-27) in https://thestandnews.com/society/斯德哥爾摩症候群—淫威下的心理扭曲/

3. Budd Hopkins：《時空錯亂的詭異境地》(台灣：達觀出版事業有限公司，劉偉祥譯，2004)，頁 83。

4. 《舊約聖經.箴言》4 章 23 節。

5. 《舊約聖經.創世記》9 章 3 節。

6. 《舊約聖經.創世記》4 章 2 節。

7. 《舊約聖經.創世記》3 章 18 節。

第七、世界篇

1. 「莎士比亞—年輕是我們唯一擁有權利去編織夢想的時光」in http://tw.gigacircle.com/483426—1

2. 《舊約聖經.出埃及記》31 章 14 節。

3. 「做堵破口的人」(個人圖書館，2011-09-23)in http://www.360doc.cn/article/7461844_150742085.html

第八、死亡篇

1. 傅佩榮：《小品西方哲學家》(台灣：時報出版，2002) 頁 114。
2. 于飛「中西方『瀕死體驗』證明靈魂存在」(阿波羅新聞網，2015-12-17)" in http://tw.aboluowang.com/2015/1217/661610.html

第九、地獄篇

1. 「彌爾頓的詩歌」(閱來網，2015—09—23)in http://m.mindhave.com/shici/29414.html
2. 新華社：「瀕死體驗」因人而異 中西情況類似(人民網，2006 年 07 月 24) 。 inhttp://scitech.people.com.cn/BIG5/4622663.html
3. 卡特琳.巴斯德：《天堂地獄啟示錄》(香港：永恩出版社，2005；第二章：地獄的左腳) in http://b5.ctestimony.org/200204/ttdy02.htm
4. 施諾：「在人不能，在瀕死經驗凡事有可能？」 in http://thewritingpeople.net/2015/12/24/在人不能，在瀕死經驗凡事有可能？/
5. 斯垂特菲爾德：《洗腦術：思想控制的荒唐史》(中國：中國青年出版社 ，2011)，頁 113。
6. 映星娛樂有限公司 :《瀕死經歷 7+7 : 窺探地獄》(香港：映星娛樂國際有限公司 ，2008)
7. 「地獄的真實景像——一位韓國女畫家被主耶穌提去地獄」 in http://www.douban.com/group/topic/29891595/#!/i!/ckDefault
8. *聖經中的「地獄」，是指末日審判後把人所扔進的火湖。但本書的「地獄」，是指仿間所理解的地獄，即是人死後直至最後審判前受苦的地方。由於聖經沒有為這空間命名，故姑且以「地獄」稱之。
9. 「一個基督徒看到天堂和地獄的真實見證 」 in http://www.douban.com/note/224681873/#!/i!/ckDefault

國家圖書館出版品預行編目資料

解開靈界之謎Untied the mystery of the Spiritual World /
　陳信義著　--初版-- 臺北市：博客思出版事業網：2016.7
　ISBN：978-986-9313-93-3(平裝)

1.通靈術
296.1　　105010365

星相命理 4

解開靈界之謎
Untied the mystery of the Spiritual World

作　　者：陳信義
編　　輯：高雅婷
美　　編：林育雯
封面設計：林育雯
出 版 者：博客思出版事業網
發　　行：博客思出版事業網
地　　址：台北市中正區重慶南路1段121號8樓之14
電　　話：(02)2331-1675或(02)2331-1691
傳　　真：(02)2382-6225
E—MAIL：books5w@yahoo.com.tw或books5w@gmail.com
網路書店：http://bookstv.com.tw/　http://store.pchome.com.tw/yesbooks/
　　　　　華文網路書店、三民書局
　　　　　博客來網路書店 http://www.books.com.tw
總 經 銷：成信文化事業股份有限公司
電　　話：02-2219-2080　　傳　真：02-2219-2180
劃撥戶名：蘭臺出版社　帳號：18995335
香港代理：香港聯合零售有限公司
地　　址：香港新界大蒲汀麗路36號中華商務印刷大樓
　　　　　C&C Building, 36,Ting, Lai, Road, Tai,Po, New,Territories
電　　話：(852)2150-2100　　傳真：(852)2356-0735
總 經 銷：廈門外圖集團有限公司
地　　址：廈門市湖裡區悅華路8號4樓
電　　話：86-592-2230177　　傳　真：86-592-5365089
出版日期：2016年7月 初版
定　　價：新臺幣280元整（平裝）
ISBN：978-986-93139-3-3